재레드 다이아몬드의
나와 세계

COMPARING HUMAN SOCIETIES
by Jared Diamond
Copyright ⓒ 2014 by Jared Diamond
All rights reserved.

재레드 다이아몬드의 나와 세계

인류의 내일에 관한 중대한 질문

재레드 다이아몬드

강주헌 옮김

김영사

재레드 다이아몬드의
나와 세계

1판 1쇄 발행 2016. 4. 28.
1판 15쇄 발행 2023. 12. 29.

지은이 재레드 다이아몬드
옮긴이 강주헌

발행인 고세규
편집 성화현 | 디자인 이경희
발행처 김영사
등록 1979년 5월 17일 (제406-2003-036호)
주소 경기도 파주시 문발로 197(문발동) 우편번호 10881
전화 마케팅부 031)955-3100, 편집부 031)955-3200
팩스 031)955-3111

값은 뒤표지에 있습니다. ISBN 978-89-349-7437-6 03900

홈페이지 www.gimmyoung.com   블로그 blog.naver.com/gybook
인스타그램 instagram.com/gimmyoung   이메일 bestbook@gimmyoung.com

좋은 독자가 좋은 책을 만듭니다.
김영사는 독자 여러분의 의견에 항상 귀 기울이고 있습니다.

쓸개부터 시작해 조류를 거쳐
인간까지 달려온 학문의 여정

모든 사회과학자가 불쌍하다는 생각을 떨칠 수 없습니다. 인류학자와 임상심리학자, 경제학자와 역사학자, 인문지리학자와 정치학자와 사회학자에게 연민의 정이 느껴집니다. 사회과학자들은 세심하게 통제되는 실험실 실험처럼 엄격한 방법을 사용하지 못합니다. 실험실 실험에서는 어떤 표본을 실험군으로 삼아 조작하는 반면에, 어떤 조작도 가하지 않은 동일한 표본을 대조군으로 유지함으로써 명확한 답을 얻어냅니다. 예컨대 시험관에 화학물질을 첨가하는 경우와 그렇지 않은 경우를 비교한다고 생각해보십시오.

엄격하게 통제되고 조작되는 실험은 진정한 과학의 특징입니다. 적어도 그런 실험을 행하는 과학자들, 예컨대 화학자와 분자생물학자는 그렇게 주장하며, 자신들의 학문을 '경성과학'(hard science)이라 생각합니다. 그들은 사회과학의 연구를 '연성과학'

(soft science)이라며 경멸하기도 합니다. 그들의 주장에 따르면, 실험실 실험의 우월한 방법론 덕분에 자연과학자들은 자신들의 분야에서 가장 까다로우면서도 중요한 의문까지 성공적으로 답해낼 수 있었습니다. 몰리브덴 원자의 초미세구조를 밝혀냈고, 효소 베타갈락토시다아제의 137번째 아미노산이 어떤 기능을 하는지 알아낸 것이 대표적인 결과일 겁니다. 반면에 사회과학자들은 '왜 어떤 국가는 부유하고 어떤 국가는 가난한가?'라는 무척 기본적인 의문에도 제대로 답해내지 못했습니다. 하지만 사회과학자들도 엄격한 실험 방법을 채택할 수만 있다면 엄청나게 빠른 발전을 이루어낼 수 있지 않을까요.

한국인에게 가장 큰 관심사를 예로 들어보지요. 북한이 한국보다 가난한 이유는 무엇일까요? 김일성과 김정일 그리고 김정은으로 이어지는 삼대에 걸친 잘못된 정책 때문이라고 말하면 그 이유가 전부 설명될까요? 아니면 지리적인 이유도 있을까요? 예컨대 북한이 상대적으로 북쪽에 위치한 탓에 조금이라도 더 춥고 건조한 기후와 중국과 국경을 맞대고 있는 상황이 북한을 가난의 수렁에 몰아넣는 데 적잖은 역할을 하는 걸까요?

한국에 대한 이런 의문에 대답하기 위한 시도로서 나는 다음과 같이 조심스레 제안해보려 합니다. 안드로메다 성운의 안드로메다대학교에서 실험실 실험 과학의 엄격한 방법을 교육받은 뛰어난 외계인이 우리 지구를 방문했다고 해보지요. 북한과 한국이 다른 이유를 알아내라는 문제가 주어지면 이 외계인은 그 문제를 풀기 위한 실험 계획안을 작성할 것입니다. 예컨대 지리적 요인의 중요성을 평가할 목적에서 그 외계인은 거대한 외계의 칼을 휘둘러 한반도를 아시아 본토로부터 떼어내고 180도 회전시킨 후에 다시 아시아 본토에 붙여둘 겁니다. 그럼 현재 남한의 남쪽 해안 지역이 압록강과 중국에 인접하게 되고, 현재 북한의 북단지역은 남부 해안이 되겠지요. 김정은이 입으로 떠드는 지상낙원은 남쪽으로 이동한 덕분에 점점 따뜻하고 습해지겠지만, 남한은 점점 추워지고 건조해지는 데다 압록강 건너편의 중국까지 상대해야 할 겁니다. 따라서 정치적 요인의 중요성을 평가하기 위해 외계의 방문객은 김정은에게 한반도의 동쪽 절반, 즉 북동지역(과거의 남서지역)과 남동지역(과거의 북서지역)에 대한 통치권을 주고, 한반도의 서쪽 전반 전체에는 지금의 남한처럼 민주적인 제도를 부여할 겁니다. 그로부터 40년 후, 안드로메다의 과학자가 지구로 돌아와서, 김정은이 지배한 남동지역과 민주정부가 통치한 남서지역의 풍요를 비교한다고 해봅시다. 두 지역은 모두 상대적으로 따뜻하고 습하며, 중국으로부터도 떨어져 있습니다. 또 민주정부가 통치한 남서지역과 북서지역을 비교하고, 김정은이 지배한 남동지역과 북동지역을 비교한다고 해봅시다. 이렇게 하면 안드로메다 외계인은 남한과 북한이 풍요에서 차이가 나는 근원에 대한 강력한 증거를 분명히 찾아낼 수 있을 겁니다. 분자생물학자도 효소 베타갈락토시다아제의 137번째 아미노산이 어떤 기능을 하는지 이런 식으로 알아냈으니까요.

물론 내 작은 제안이 비도덕적이고 불법적이며 비현실적으로 들릴 것입니다. 하지만 사회과학에서는 결정적인 결론을 얻기 위한 다른 실험들도 비도덕적이고 불법적이며 비현실적일 수밖에 없을 것입니다. 그렇다면 사회과학에서는 어떤 발전적 희망도 포기해야 한다는 뜻일까요?

결코 그렇지 않습니다. 과학은 화학자와 분자생물학자가 찬양하는 통제된 실험실 실험을 통해서만 발전하는 게 아닙니다. 현실세계에 대해 신뢰할 만한 결론을 얻어낼 수 있는 방법이 적잖게 있습니다. 통제된 실험실 실험이란 하나의 방법으로만 과학이 규정되는 것은 아닙니다. 현실 세계에 대해 뭔가를 알아내겠다는 목표와 그에 관련된 모든 방법론이 결합되어 과학이 규정되는 것입니다.

나는 이 사실을 스물여섯 살에 깨달았습니다. 어린 시절의 취미이던 조류 관찰을 조류학이란 학문적 영역으로 발전시키기 시작한 때였습니다. 스물한 살 때부터 스물다섯 살 때까지는 실험실 실험 과학인 생리학을 공부해서 박사학위를 받았습니다. 생리학 교수님들은 정말 정교하게 짜인 실험실 실험을 통해 생리학적 문제를 해결하는 방법을 나에게 가르쳐주었습니다. 예컨대 칼륨이란 공통이온은 똑같이 공통이온으로 가까운 친척이라 할 수 있는 나트륨이 쓸개에서 빠져나오는 양에 영향을 줄까요? 그렇다면 어느 정도나 영향을 줄까요? 생리학이란 학문에서 배운 방법에 맞추어 이 질문의 답을 구하려면, 칼륨이 혼합된 용액과 그렇지 않은 용액에 쓸개를 차례로 담근 후에 나트륨이 쓸개에서 빠져나간 양을 측정하고, 칼륨이 혼합된 용액에서 나트륨이 빠져나간 양과 칼륨이 혼합되지 않은 용액에서 나트륨이 빠져나간 양의 비율을 계산하면 됩니다. 이렇게 실험군과 대조군을 비교하는 실험을 통해 나는 칼륨이 나트륨의 배출을 30퍼센트가량 더 자극한다는 걸 계량적으로 분명히 입증해냈습니다.

박사학위를 받은 후 나는 조류를 연구하려고 뉴기니로 향했습니다. 그곳에서도 나는 구조적으로 거의 유사한 질문을 나 자신에게 던졌습니다. 예컨대 뉴기니에서는 흔한 새인 서양하얀눈울새(western white-eyed robin)가, 역시 뉴기니에 흔한 새이며 가까운 친척이라 할 수 있는 동양하얀눈울새의 개체수에 영향을 줄까요? 그렇다면 어느 정도나 영향을 줄까요? 서양하얀눈울새를 지역적으로 절멸시킨 후에 서양 친척과의 경쟁으로부터 해방된 동양하얀눈울새의 개체수를 측정한다면 이론적으로 이 질문에 어렵지 않게 대답할 수 있습니다. 하지만 이런 실험은 한반도를 뒤집고 동쪽 절반과 서쪽 절반으로 나누려는 안드로메다 외계인의 계획만큼이나 비도덕적이고 불법적이며 비현실적이었습니다. 따라서 나는 이 조류학적인 의문의 답을 구하기 위해 다른 방법을 생각해내야 했습니다.

내가 조류 연구를 위해 통제되고 조작된 실험을 대신하려고 선택한 방법은 사회과학에서 널리 사용되는 대안적 방법론, 자연실험(natural experiment)이었습니다. 달리 말하면 실험을 위해 인위

적으로 서양하얀눈올새를 절멸시키지 않고, 뉴기니의 여러 산악
지역에서 생태적으로 서양하얀눈올새가 번성하기에 적합한 지역
과 그렇지 않은 지역을 비교했습니다. 그 결과 나는 서양하얀눈올
새가 있는 산악지역보다 서양하얀눈올새가 없는 산악지역에 동
양하얀눈올새가 30퍼센트가량 더 많다는 걸 확인할 수 있었습니
다. 서양하얀눈올새가 없는 지역에서는 원래 서양하얀눈올새가
서식하는 고도까지 동양하얀눈올새가 서식지를 위쪽으로 확대한
결과였습니다. 물론 조작실험과 마찬가지로 자연실험에도 그 자
체로 결함이 있습니다. 하얀눈올새의 경우를 예로 들면, 자연에서
동양하얀눈올새가 없는 까닭에 서양하얀눈올새의 개체수가 증가
했다는 사실을 입증하려면 둘 사이의 관련성만이 아니라 다른 관
찰들도 필요했습니다.

　자연실험은 사회과학에서 뉴기니에 하얀눈올새가 많은 이유와
같은 의문 이외에 다른 의문들을 해결하는 데도 흔히 사용됩니다.
역사가 자연실험을 행하는 경우가 있습니다. 그것도 실험실에서
칼륨이 혼합된 용액과 그렇지 않은 용액에서 쓸개의 나트륨 전이
량을 측정하려는 경우만큼이나 자연실험이 깔끔하게 진행되기도
합니다. 예컨대 과거에 하나였던 국가가 지리적으로 임의적인 경
계에 의해 깔끔하게 둘로 분할되고는 완전히 다른 식의 지배와
제도를 채택한다고 생각해보십시오. 현실 세계에 이런 사례가 있
습니다. 독일은 원래 하나였지만 1945년에 동독과 서독으로 나누
어졌고, 그 후로 1990년까지 다른 정부와 제도가 양쪽에 각각 들

어서며 다른 경제적 유인책을 받아들였습니다. 따라서 1989년 베를린 장벽의 붕괴로 역사의 자연실험이 급작스레 끝났을 때 동독과 서독의 부(富)는 상당한 차이를 보였습니다. 독일의 사례는 두 국가로의 분할에 불과하지만, 두 국가를 비교한 결과를 해석하는 것은 상당히 간단했습니다. 동독과 서독은 1945년까지 지배구조와 제도 등 여러 면에서 비슷했습니다. 그런데 1990년 당시 두 국가의 현격한 차이는 단 하나의 원인, 즉 1945년부터 1990년까지 다른 지배구조를 지녔다는 차이에서 비롯된 것이었습니다.

비교 대상이 하나의 지배적인 변수만이 아니라, 많은 면에서 다른 경우도 있습니다. 예컨대 위도가 국부에 미치는 영향을 규명하려면, 저위도에 있는 한 국가(예: 잠비아)와 고위도에 있는 한 국가(예: 네덜란드)를 비교하는 것만으로는 충분하지 않습니다. 잠비아와 네덜란드는 위도 이외에도 많은 면에서 다르기 때문입니다. 하지만 다양한 위도에 있는 많은 국가를 비교해보면, 고위도의 온대지역 국가들이 저위도의 열대지역 국가들에 비해 평균 두 배 정도 풍요롭다는 게 입증됩니다.

이 작은 책에서 나는 세계가 직면한 7가지 중대한 문제를 조류 관찰자의 자연실험 방법론으로 설명해보려 합니다. 1장에서는 경제학자들에게는 학문적 관심사이지만, 이 땅에서 살아가는 모든 사람에게는 실질적인 문제, 즉 '왜 어떤 국가는 부유하고 어떤 국가는 가난한가?'를 다룹니다. 자연실험에서 확인된 바에 따르면, 이 의문에 대한 대답은 지리적 요인에 부분적으로 영향을 받습니다. 세계 전역의 국가들을 비교해보면, 다른 모든 조건이 동일할 때 적도 근처의 열대지역 국가들은 온대지역 국가들보다 가난하고, 내륙국은 해안을 끼고 있거나 선박이 항해할 수 있는 강을 지닌 국가보다 가난합니다. 이런 점에서 한국은 온대지역에 위치하고 삼면이 바다로 둘러싸였다는 이점이 있습니다.

2장에서는 제도가 국부의 차이에 미치는 영향에 대해 살펴보겠습니다. 정직한 정부가, 약속과 법을 올곧게 시행하는 좋은 제도를 갖춘 국가가, 계약과 법을 무시하는 부패한 정부를 지닌 국가보다 부유한 경향을 띱니다. 그러나 제도 자체는 지리적 조건과 오랜 역사의 산물입니다. 또한 독일이 동독과 서독으로 분할되었듯이 역사적 '사건'의 산물이기도 합니다.

3장에서는 특정한 국가, 중국이 집중적으로 다루어집니다. 중국은 현재 세계에서 인구가 가장 많은 데다 가장 눈부신 속도로 경제가 성장하는 국가이기도 합니다. 중국의 지리적 조건과 국민, 언어와 농업, 선사시대와 유사시대, 현재의 조건 등 중국에 대한 모든 것을 여기에서 간략하게 요약해볼 생각입니다. 유럽과 중국의 지도를 얼핏 비교해보면 흥미로운 자연실험이 가능합니다. 유럽 지도를 보면 커다란 섬(예: 브리튼 섬과 아일랜드 섬), 커다란 반도(예: 이탈리아와 그리스), 횡단하는 산맥(예: 알프스와 피레네), 바퀴살처럼 사방으로 흐르는 강들(예: 라인 강과 다뉴브 강)이 곧바로 눈에 들어옵니다. 반면에 중국에는 그런 지리적 특징들이 없습니다. 중국과 유럽의 이런 지리적 차이가 각각 중국과 유럽의 역사에 어떤 영향을 미쳤는지에 대해서도 살펴보려 합니다.

4장에서는 개인의 위기와 국가의 위기를 비교함으로써, 또 여러 국가의 위기를 비교함으로써 무엇을 배울 수 있는지에 대해 살펴보려 합니다. 일본과 영국, 독일과 칠레 등 여러 국가가 외적인 원인이나 내적인 원인, 혹은 양쪽 모두의 원인에서 비롯된 위기를 맞았고, 정도의 차이는 있었지만 모두가 그 위기를 나름대로 극복했습니다. 한편 한국이 과거에 겪은 위기들, 예컨대 1910년 일본의 강요에 의한 한일병합조약, 1950년에 시작해 1953년에 끝난 한국전쟁, 전후의 회복과 산업화 등과 같은 위기들은 어떻게 이해되어야 할까요? 또 요즘 한국에 제기된 문제들은 어떻게 해야 최선의 방향으로 해결할 수 있을까요?

5장에서는 개인적인 차원의 문제를 살펴보려 합니다. 특히 현대 국가의 시민들(예: 미국인이나 한국인)이 개인적인 위험에 대응하는 방법을 뉴기니 사람들의 대응 방법과 비교해보려 합니다. 나는 일상의 삶에서 예상되는 위험에 대처하는 방법과 관련해 뉴기니의 친구들에게 많은 것을 배웠습니다. 따라서 5장에서 나는 '건설적 편집증'(constructive paranoia)이란 사고방식을 채택할 필요성에 대해 역설할 것이고, 여러분도 테러리스트의 공격이나 항공기 추락에 대한 걱정보다 욕실에서 미끄러져 다치는 사소한 사고를 더 진지하게 생각해야 하는 이유를 깨닫기 바랍니다.

6장에서도 국가보다 개인의 문제에 초점을 맞추려 합니다. 자연실험은 우리에게 건강하게 삶의 질을 유지하며 늙은 나이까지

사는 법에 대해 많은 것을 가르쳐줍니다. 특히 뉴기니 원주민을 비롯해 전통적인 삶을 영위하는 많은 종족이, 한국인과 미국인 등 현대인의 주된 사인인 당뇨병과 심장질환, 뇌졸중으로 사망하는 경우가 거의 없습니다. 그 이유가 무엇일까요? 하지만 전통적인 삶을 영위하던 뉴기니 원주민을 비롯해 많은 전통적인 부족이 서구적인 삶의 방식을 받아들이면서 이제는 그런 질병들로 고생하고 있다는 안타까운 증거가 요즘의 자연실험에서 밝혀지고 있습니다. 전통적인 부족들의 생활방식에서 얻은 교훈을 어떻게 활용하면 이런 질병들에 굴복하는 위험성을 줄일 수 있을까요?

마지막 7장에서 가장 중대한 문제, 즉 오늘날 전 세계가 직면한 문제에 대해 언급하는 것으로, 큰 주제를 다룬 이 작은 책을 끝맺으려 합니다. 내 개인적인 판단이지만 세계에 닥친 가장 중대한 세 가지 문제가 여기에서는 언급되고, 그 문제들에 대한 내 의견도 덧붙일까 합니다.

결국 이 책은 사회과학의 매력과 중요성 그리고 어려움을 일곱 부분으로 나누어 설명한 것입니다. 하지만 여러분도 나만큼이나, 여기에서 다룬 문제들이 여러분 개개인의 삶과 여러분 조국의 미래와 밀접한 관계가 있다는 사실을 꼭 기억해주기를 바랍니다.

COMPARING HUMAN SOCIETIES

JARED DIAMONDJARED DIAMOND

왜 어떤 국가는 부유하고 어떤 국가는 가난한가?

- 지리적 요인

1

왜
어떤 국가는 부유하고
어떤 국가는
가난한가?

여러분이 전에는 한 번도 본 적이 없는 사람과 우연히 만났다고 해봅시다. 그럼 가능한 범위 내에서 그에 대해 많이 알아내고 싶을 것입니다. 그런데 여러분은 그에게 딱 두 가지만 질문할 수 있고, 그는 여러분의 질문에 한 단어로만 대답할 수 있다고 해봅시다. 그에 대해 최대한 많은 정보를 얻어낼 수 있는 두 가지 질문, 하지만 한 단어로 대답할 수 있는 두 가지 질문은 무엇일까요?

우리에게 가장 많은 정보를 전해주면서도 한 단어로 대답할 수 있는 두 가지 질문은 '어디에서 태어났습니까?'와 '언제 태어났습니까?'라는 데 많은 사람이 동의할 것입니다.

일단 '언제 태어났느냐'라는 질문부터 먼저 생각해볼까요. 어떤 한국 사람이 1920년이나 1945년 혹은 1980년에 태어났다고 여러분에게 대답했다고 해보지요. 이 대답에서 여러분은 그 한국인이 어떤 삶을 살았는지에 대해 많은 것을 짐작할 수 있습니다. 1920년에 태어났다면 그는 일본이 점령한 시기에 자랐고, 학교에서도 한국어가 아니라 일본어를 배웠을 것이고, 1945년에 태어났다면 어린 시절에 한국전쟁의 참상을 경험했을 것이고 전후에도 가난한 농업사회에서 힘겹게 성장했을 겁니다. 한편 1980년에 태어난 한국인은 이와 같이 힘든 시절을 경험하지 못해 책을 통해서나, 어른들의 경험담을 통해서야 알고 있을 것입니다. 따라서 그 사람이 언제 태어났는지 말하면, 우리는 그 정보만으로 그의 삶에 대해 많은 것을 알아낼 수 있습니다.

이번에는 '어디에서 태어났는가'라는 질문의 대답에 대해 생각해볼까요? 여러분이 방금 만난 사람이 아이티, 혹은 미국이나 르완다, 혹은 이라크나 한국에서 태어났다고 대답했다고 해보지요. 그 대답을 듣는 즉시 우리는 그 사람의 생활방식에 대해 많은 것을 짐작할 수 있습니다. 예컨대 한국인과 미국인이라면 출근할 때 자가용을 이용하거나 지하철을 이용하겠지요. 또 다른 사람들이 우리를 위해 건설한 단독주택이나 아파트에서 생활하고, 다른 사람이 재배하고 생산한 식품을 시장에서 구입해 먹을 것입니다. 또한 우리가 입는 옷도 다른 사람이 제조한 것이며, 전문가에게 건강관리와 치아관리를 받을 것이고, 전문가들이 제작한 텔레비전과 영화 같은 대중오락물도 즐길 것입니다.

당신은
언제,
어디에서
태어났는가?

미국인과 한국인은 언제 어디에서나 이런 혜택을 누릴 수 있지만, 아이티나 르완다에서 태어났다는 이유만으로 이런 혜택을 누리지 못하는 사람들이 많습니다. 아이티인과 르완다인, 그 밖에도 수많은 국민이 한국인과 미국인만큼 똑똑하고 똑같은 정도로 열심히 일하지만 넉넉한 보수를 받지 못합니다. 그들은 자가용이나 지하철을 이용하지 못하고, 일터까지 걸어갑니다. 또한 자기가 직접 지은 주택이나 오두막에서 생활하며, 자신이 먹을 식량을 직접 재배합니다. 옷도 직접 지어 입거나, 아예 입고 지내지 않습니다. 건강관리와 치아관리는 꿈도 꾸지 못하고, 텔레비전과 영화 같은 대중오락물은 아예 존재하지 않습니다.

미국인과 아이티인의 이런 차이는 태어난 장소가 우리 삶에 엄청난 영향을 미친다는 사실을 방증해주는 좋은 예입니다.

—

국부(國富, national wealth)의 차이에 대한 연구는 지역지리학의 기본적인 과제입니다. 왜 어떤 국가는 부유하고 어떤 국가는 가난할까요? 일인당 연소득에서 노르웨이와 미국처럼 부유한 국가는 부룬디공화국과 예멘 같은 최빈국보다 무려 400배나 높습니다. 국부의 차이에 대한 이런 의문은 단순히 학계에서만 관심사로 다루어져야 할 문제가 아닙니다. 이 문제는 국가 정책과 밀접한 관계가 있기도 합니다. 우리가 이 문제에 대한 해답을 어떻게든 찾아낼 수 있다면, 가난한 국가들은 그 해답을 적극적으로 활용해 부유한 나라로 거듭날 수 있을 것입니다. 게다가 부유한 국가도 그 해답을 활용하면, 가난한 국가들을 위한 해외 원조를 더욱 효과적으로 기획하고 집행할 수 있을 것입니다.

　내가 개인적으로 경험하고 깊은 인상을 받은 이야기를 바탕으로 국부의 차이에 대해 이야기를 시작해보려 합니다. 약 10년 전, 나는 네덜란드에서 며칠을 보낸 후에 장시간 비행기를 타고 날아가 아프리카 잠비아에서 며칠을 보낸 적이 있었습니다. 처음으로 네덜란드를 방문한 외계의 방문객이 있다면, 그는 십중팔구 "정말 불행한 땅이로군! 어디를 보나 불리한 환경이야! 틀림없이 가난한 나라겠지!"라고 생각할 수밖에 없을 겁니다. 하기야 네덜란드에서는 겨울이 지겹도록 길고 여름은 상대적으로 짧아 농부들이 1년에 한 번밖에 수확하지 못하니까요. 네덜란드에는 값비싼 광물이 매장되어 있지도 않습니다. 게다가 땅은 해수면보다 낮고 평평해서 댐을 쌓아 수력발전을 하지도 못합니다. 따라서 석유와 석탄을 수입해 대부분의 에너지를 만들어내야 하고, 더욱이 독일과 국경을 맞대고 있는 지리적 불운까지 이겨내야 합니다. 실제로 영토가 네덜란드보다 훨씬 넓고 강력한 군대까지 보유한 독일이 1940년에 네덜란드를 침략해 분탕질한 적도 있지 않습니까. 네덜란드 국토의 3분의 1은 해수면보다 낮아 언제라도 바닷물에 침수될 위험에 처해 있습니다. 따라서 외계의 방문객이 네덜란드가 무척 가난한 국가일 거라고 추측한 것도 큰 잘못은 아닙니다.

앞에서도 말했듯이 나는 네덜란드에서 며칠을 보낸 후 잠비아로 향했습니다. 잠비아는 남아프리카에 위치한 국가입니다. 그 외계의 방문객은 우주를 떠돌아다니며 아프리카 국가들이 가난한 편이란 소문을 들었을 수 있겠지만, 아프리카의 많은 국가에 비교할 때 잠비아의 확연한 이점에 깊은 인상을 받았을 것이고, 네덜란드와 비교하더라도 잠비아가 확연히 유리하다고 생각했을 겁니다. 한국이나 미국과 달리, 잠비아는 에너지를 생산하기 위해 석유나 천연가스 혹은 석탄을 수입할 필요가 없습니다. 또 잠베지 강을 가로지는 거대한 댐들이 생산하는 수력 에너지로 잠비아에서 소비되는 모든 에너지를 감당할 수 있습니다. 게다가 그 댐들에서 생산되는 전기가 너무 많아 이웃 국가들에 수출하기도 합니다. 네덜란드와 달리, 잠비아에는 광물이 무척 풍부합니다. 특히 구리가 많습니다. 또 잠비아의 기후는 따뜻해서 농부들이 1년에 여러 번 수확할 수도 있습니다. 1년에 한 번밖에 수확하지 못하는 네덜란드와는 사뭇 다릅니다. 또한 아프리카의 다른 많은 국가들과 달리, 잠비아는 평화롭고 안정된 민주국가여서 자유선거가 실시됩니다. 부족들이 서로 싸우지 않아 잠비아는 내란을 겪은 적이 없고, 이웃 국가와 전쟁을 벌인 적도 없으며, 네덜란드와 달리 외국으로부터 침략을 당한 적도 없습니다. 잠비아 사람들은 친절하고 근면하며 교육을 중요하게 생각합니다.

자, 이런 잠비아의 일인당 평균소득이 얼마쯤 된다고 생각하십니까? 네덜란드보다 높을 것 같습니까 낮을 것 같습니까, 아니면 비슷할 것이라 생각하십니까? 네덜란드인의 평균소득이 잠비아인의 그것보다 높을 것이라 생각하신다면, 몇 배쯤 높을 것이라 생각하십니까? 400배? 10배? 1.5배?

정답은 놀랍겠지만, 네덜란드인의 평균소득이 잠비아인의 평균소득보다 100배나 높습니다! 네덜란드인의 연평균소득은 약 22,000유로인 반면에 잠비아인의 연평균소득은 220유로에 불과합니다. 우리 외계인에게는 이런 차이가 이해되지도 않고 믿기지도 않을 것입니다. 잠비아가 거의 모든 면에서 유리하고, 네덜란드는 거의 모든 면에서 불리한데도 네덜란드가 잠비아보다 훨씬 부유한 이유가 대체 무엇일까요?

이 예는 '왜 어떤 국가는 부유하고 어떤 국가는 가난한가?'라는 일반적인 문제를 잘 보여주는 사례입니다. 이 문제에 대답하려면 두 가지 요인을 고려해야 합니다. 하나는 지리적 요인이고, 다른 하나는 제도적 요인입니다. 여기에서 나는 지리적 요인에 대해 집중적으로 살펴보려 합니다. 그렇다고 내가 제도적 요인의 중요성을 무시한다는 뜻은 아닙니다. 다만 여기에서는 지리적 요인만을 다루고, 제도적 요인은 다음 장에서 살펴보도록 하지요.

가장 중요한 지리적 요인 중 하나는 위도입니다. 대체로 온대지역에 위치한 국가들이 열대지역 국가들보다 부유한 편입니다. 열대지역 국가인 코스타리카는 정직하고 훌륭한 제도를 갖추었지만, 불가리아처럼 그만큼 정직한 제도를 갖추지 못한 유럽 국가들보다 가난합니다.

왜
어떤 국가는
부유하고
어떤 국가는
가난한가?

흥미롭게도 위도가 국부에 미치는 영향은 위도 상에서 남북으로 상당히 넓은 지역을 차지하는 개별 국가에서도 어김없이 나타납니다. 예컨대 미국의 북동부, 즉 온대지역에 있는 뉴욕 주와 오하이오 주는 열대지역에 가까운 남동부에 위치한 미시시피 주와 앨라배마 주보다 훨씬 부유합니다. 미국 북동부와 남동부, 두 지역의 빈부 차이는 지금보다 과거에 훨씬 더 컸습니다. 이와 마찬가지로 브라질에서도 가장 부유한 지역은 적도에서 한참 떨어진 온대지역, 즉 브라질 남부에 위치한 리우데자네이루와 상파울루 같은 풍요로운 도시의 주변입니다(브라질은 적도의 남쪽에 위치하지만 미국은 적도의 북쪽에 위치합니다. 따라서 미국에서 온대지역은 북부에 있고, 브라질에서 온대지역은 남부에 있습니다). 한편 브라질에서 가장 가난한 지역은 적도 부근, 북부의 열대지역입니다. 달리 말하면, 위도가 부(富)에 미치는 영향은 국가들 사이에서도 뚜렷이 나타나지만, 남북으로 넓은 지역을 차지하는 개별 국가 내에서도 분명히 나타납니다. 따라서 제도만이 아니라 지리적 조건을 근거로 북이탈리아가 남이탈리아보다 부유한 이유를 설명할 수 있을 듯합니다.

온대국가에 비해 열대국가가 가난한 데는 두 가지 주된 이유가 있습니다. 하나는 낮은 농업 생산성이고, 다른 하나는 열악한 공중 보건입니다.

농업 생산성부터 먼저 살펴볼까요. 상식적으로 생각하면 열대지역이 온대지역보다 곡물 수확량이 높아야 합니다. 이런 추정은 여러 이유에서 뒷받침됩니다. 첫째, 열대지역에서는 곡물의 성장

시기가 1년 내내 지속되기 때문입니다. 반면에 이탈리아와 한국에서는 반년, 스웨덴과 캐나다에서는 수개월에 불과합니다. 열대지역의 곡물 생산량이 많을 것이라 기대하는 또 다른 이유는 기온 역시 1년 내내 따뜻하기 때문입니다. 달리 말하면, 햇살이 풍부하다는 뜻이기도 합니다. 또 온대지역보다 열대지역에서 강우량과 수자원이 더 많은 편입니다. 예컨대 이탈리아에서는 100센티미터의 연간 강우량이 상당한 강우량으로 여겨지지만, 뉴기니 섬에는 이처럼 낮은 강우량을 지닌 곳이 한 군데도 없습니다. 뉴기니에서는 어느 곳이나 연간 강우량이 200센티미터를 넘고, 절반가량의 지역에서는 500센티미터를 넘습니다. 뉴기니에서도 가장 습한 지역의 경우에는 연간 강수량이 1,000센티미터를 넘습니다.

이처럼 열대지역은 높은 곡물 생산량을 기대할 만한 조건을 갖추고 있지만, 안타깝게도 현실은 그렇지 않습니다. 따라서 열대지역의 농부들이 이탈리아의 황금 곡창지대, 예컨대 파다나 평야(Pianura padana)를 보면 놀라고 부러워할 것입니다.

애초의 기대와 달리, 열대지역의 농업 생산성이 낮은 데는 두 가지 이유가 있습니다.

첫째로는 토양의 비옥도가 낮고 박토(薄土)이기 때문입니다. 이탈리아와 미국 등 온대지역의 농지는 심토(深土)이고 비옥한 편입니다. 빙하가 미국과 이탈리아의 넓은 지역을 반복해 오르내린 덕분이지요. 정확히 말하면, 수백만 년 동안 지속된 빙하기에 빙하가 북쪽에서 남쪽으로 내려갔다가 다시 남쪽에서 북쪽으로 되돌아가는 과정을 적어도 22번가량 반복한 덕분입니다. 빙하가 내려갔다가 되돌아갈 때마다 바위를 문질러 부서뜨리며 새로운 흙을 만들었고, 그때마다 새로운 영양분도 흙에 더해졌습니다. 반면에 무더운 열대지역은 얼음으로 뒤덮인 적이 없어, 영양분이 풍부한 새로운 흙으로 재생되는 기회를 얻지 못했습니다.

열대의 토양이 지닌 두 번째 문제는 무엇일까요? 이탈리아와 미국의 온대림에서 산책하면 땅에 떨어진 나뭇가지와 낙엽이 자주 눈에 띕니다. 달리 말하면, 땅에 떨어져 천천히 썩어가며 토양에 오랫동안 영양분을 방출하는 유기물이 많다는 뜻입니다. 그러나 열대지역에서는 땅에 떨어진 낙엽과 나뭇가지, 유기물이 열대의 높은 기온 때문에, 또 미생물과 작은 동물들에 의해 신속하게 분해됩니다. 게다가 열대의 잦은 비 때문에도 영양분이 토양에 스며들지 못하고 강으로, 다시 바다로 씻겨 내려갑니다.

이처럼 두 가지 이유에서 열대지역의 토양은 박토이고 비옥도가 낮을 수밖에 없습니다.

열대지역의 농업 생산성이 낮은 또 하나의 이유를 찾자면, 온대지역보다 열대지역에 동식물의 종(種)이 훨씬 많다는 것입니다. 구체적으로 말하면, 브라질에는 미국의 조류 관찰자를 즐겁게 해주기에 충분할 정도로 조류도 많지만, 곡물을 감염시켜 병들게 하여 결국에는 생산량을 크게 떨어뜨리는 병원균과 벌레와 곰팡이의 종류도 무궁무진하게 많습니다.

애초의 예상과 달리, 온대지역보다 열대지역에서 곡물 생산량이 더 낮은 이유는 이렇게 두 가지로 설명됩니다. 세계의 주요 농산물 수출국, 즉 미국과 캐나다, 러시아와 네덜란드, 아르헨티나와 칠레, 남아프리카공화국 등이 주로 온대지역에 자리 잡고 있는 이유도 여기에 있습니다. 브라질만이 열대의 위도에 위치한 중요한 농산물 수출국이지만, 브라질에는 열대지역만큼이나 넓은 온대지역이 있다는 점을 간과해서는 안 됩니다.

열대국가들이 가난한 경향을 띠는 또 하나의 주된 이유는 열악한 공중 보건과 관계가 있습니다. 앞에서 언급했듯이, 일반적으로 온대지역보다 열대지역에 동식물의 종이 풍부합니다. 예컨대 열대지역에는 조류 관찰자들을 즐겁게 해줄 만한 새들의 종류가 무척 많습니다. 그러나 종의 풍요로움은 질병을 일으키는 종, 즉 기생충과 땅벌레, 곤충과 세균 등이 많다는 뜻이기도 합니다. 이런 이유에서 공중 보건을 담당하는 관리자들은 세계 최고의 공중 보건 대책은 온대지역의 추운 겨울이라고 농담하기도 합니다. 겨울의 매서운 추위에 기생충과 세균이 죽습니다. 따라서 봄이 되면 세균과 기생충이 처음부터 다시 자라기 시작해야 합니다. 반면에 열대지역에서는 기생충과 세균이 1년 내내 번창합니다.

그렇다고 온대지역이 모든 면에서 건강에 좋은 곳이란 뜻은 아넙니다. 이탈리아의 역사에 박식한 사람이면 누구나 알겠지만, 이탈리아 사람들도 예전에는 전염병으로 적잖게 죽었습니다. 일반적으로 온대지역의 질병, 예컨대 이탈리아 사람들을 역사적으로 괴롭힌 질병은 주로 과밀한 인구 사이에 급속히 퍼지는 전염병, 즉 천연두와 홍역이었습니다. 그러나 과밀한 인구 사이에 급속히 확산되는 대부분의 전염병은 평생에 한 번, 주로 어린 시절에 걸리는 질병입니다. 따라서 어린 시절에 천연두나 홍역에 걸리고도 운 좋게 살아남은 사람은 평생 동안 그 전염병에 걸리지 않는 면역력을 갖게 됩니다. 반면에 열대지역의 질병들은 한 번 걸리더라도 면역력이 생기지 않는 재발성 질병(recurrent disease)입니다. 그 질병에 언제라도 다시 걸릴 수 있다는 말입니다. 역사적으로 이탈리아인에게 가장 친숙한 재발성 열대 질병은 말라리아일 것입니다.

열대지역을 방문한 적이 있는 사람이라면, 열대기후권 사람들을 괴롭히는 기생충과 원생동물 등 질병을 옮기는 병원균에 대한 소문을 들었거나, 그 질병에 직접 걸린 적이 있을 것입니다. 일례로 인도네시아 사람은 평균 여섯 가지 종류의 기생충을 몸에 지니고 있습니다. 또 감염자와 사망자 수를 기준으로 할 때, 에이즈를 제외하면 말라리아가 세계에서 가장 중대한 감염병입니다. 기생충병과 말라리아, 에이즈의 영향으로 현재 잠비아의 평균 기대수명은 41세에 불과합니다.

기생충과 질병에게 끊임없이 공격을 받아 41세에 사망할 확률이 높은 열대지역에 산다는 게 인간에게는 큰 비극일 수 있습니다. 그러나 피도 눈물도 없는 냉정한 경제학자라면, 열대성 질병이 여러 이유로 경제에도 악영향을 미친다고 말할 것입니다. 첫번째 이유는 열대성 질병에서 비롯되는 짧은 기대수명입니다. 기대수명이 짧다는 사실은 숙련된 근로자나 행정가로서 생산 활동에 기여할 수 있는 기간이 짧다는 뜻입니다.

예컨대 잠비아에서 엔지니어 교육을 받는 경우, 30세경에 교육이 완전히 끝납니다. 그때부터 그는 경제적으로 잠비아의 발전에 기여할 수 있지만, 잠비아 사람은 평균적으로 41세에 사망하므로 기껏해야 11년 동안만 잠비아의 경제에 이바지할 수 있습니다. 반면에 한국의 경우, 기대수명이 약 80세입니다. 따라서 한국의 엔지니어는 은퇴할 때까지 적어도 30년 동안, 혹은 정상적인 은퇴 연령 이후에도 일을 계속한다면 40~50년 동안 한국 경제에 이바지할 수 있습니다.

열대성 질병이 경제에도 악영향을 미치는 두 번째 이유는 높은 사망률과 높은 이환율입니다. 예컨대 말라리아로 죽지는 않더라도 몸이 허약해진 까닭에 상당한 기간 동안 일을 하지 못합니다. 따라서 잠비아인은 운 좋게 42세 이후에 살아 있더라도 몸이 자주 아픈 까닭에, 같은 연령의 한국 노동자보다 더 적은 시간을 일할 수밖에 없습니다.

열대성 질병은 인구의 연령별 분포를 왜곡한다는 점에서도 경제에 악영향을 미칩니다. 평균수명은 짧고 평균 사망률은 높다는 사실은, 자식을 낳더라도 어려서 사망할 가능성이 높기 때문에 이를 만회하기 위해서라도 부모가 많은 자식을 낳아야 한다는 뜻입니다. 그럼 비생산인구에 대한 노동자의 비율이 낮아지기 마련입니다. 달리 말하면, 생산 활동에 참여하는 성인의 수는 적은 반면에 생산 활동을 하지 않는 어린아이의 수가 많다는 뜻이므로, 전체 인구를 기준으로 할 때 일인당 평균소득이 낮아질 수밖에 없습니다.

또 열대지역의 여성은 많은 아기를 낳아야, 그중에서 몇 명이라도 열대성 질병으로 죽지 않고 살아남을 가능성이 높아집니다. 따라서 열대지역의 여성은 가임기에 항상 임신하거나 수유하는 상황에 있기 마련입니다. 임신하고 수유하는 여성은 노동 현장에서 일하기 어렵기 때문에 이런 현상도 열대의 열악한 공중 보건이 경제에 미치는 악영향일 수 있습니다.

지금까지 언급한 여러 이유에서, 열대성 질병은 인간의 비극에 그치지 않습니다. 열대지역의 낮은 농업 생산성과 더불어 열대성 질병은 열대지역의 국가들이 가난을 벗어나기 힘든 주된 이유가 됩니다.

열대지역에 대해 지금까지 나열한 사실 때문에 마음이 울적해지셨습니까? 물론, 우리 마음을 우울하게 만드는 부인할 수 없는

사실들입니다. 그럼, 열대지역의 약점은 극복할 수 없는 것이므로 열대지역 국가들은 운명적으로 가난하게 살 수밖에 없다는 뜻일까요? 절대 그렇지 않습니다. 앞에서 언급했듯이 열대지역의 약점들은 분명히 존재하지만, 그 약점들에 대해 알고 있으면 그 약점을 극복하는 데도 훨씬 유리하지 않겠습니까! 어떤 병에 걸렸다고 진단받은 사람에 비유해서 설명해볼까요. 병에 걸렸다고 진단을 받으면 마음이 답답하고 울적해질 수 있습니다. 하지만 진단은 그 질병을 치료하는 방법을 찾아내기 위한 첫 단계입니다. 이와 마찬가지로, 열대국가들도 가난하게 살아가는 암담한 이유들을 알아내고 분석하면, 그 지식을 토대로 가난의 이유를 치유하는 맞춤식 노력을 할 수 있지 않겠습니까. 열대지역에서 최근에 경제가 눈부시게 성장한 국가들은 한결같이 공중 보건에 적극적으로 투자한 국가들입니다. 그 국가들은 온대지역에 비하면 농업 경쟁력이 떨어지기 때문에 농업만으로는 부유해질 수 없다는 사실을 인정하고 농업 이외의 다른 분야에도 대대적으로 투자했습니다. 이처럼 각자의 문제를 정확히 진단함으로써 맞춤식 치료로 부자가 된 열대국가로는 말레이시아와 싱가포르, 대만과 홍콩, 모리셔스가 있습니다.

공중 보건의 부재에서 비롯되는 중대한 문제들이 열대지역에 미치는 악영향으로, 미국의 중앙정보국(Central Intelligence Agency, CIA)이 관심을 기울이는 현상이 있습니다. 미국 CIA는 '국가실패'(state failure)를 예측하는 데 상당히 관심이 많습니다. 다시 말하면, 어떤 형태의 정부가 붕괴되어 국민을 혼란에 몰아넣을 가능성이 가장 높은가를 예측해보려는 시도입니다. 국가실패가 닥치면, 절망에 빠진 국민은 이민을 떠나거나 테러리스트가 되어 부유한 국가들의 문젯거리가 됩니다. 따라서 미국 CIA는 정부의 붕괴와 혼란을 정확히 예측할 수 있는 변수가 무엇인지 알아내려고 오래전부터 상당한 노력을 기울여왔습니다.

지금까지 밝혀진 바에 따르면, CIA 분석가들의 예상과 달리, 정부의 붕괴와 가장 밀접한 관계가 있는 예측 변수는 '높은 유아 사망률'이었습니다. 이 둘은 어떤 이유에서 서로 상관관계가 있을까요? 높은 유아 사망률이 앞에서 언급한 여러 이유에서 경제에 악영향을 주기 때문입니다. 달리 말하면, 여성이 항상 임신하거나 젖먹이에게 젖을 먹여야 하는 상황이기 때문에 일을 할 수 없다는 뜻이며, 소수의 생산 가능한 성인이 다수의 비생산적인 자녀를 부양해야 한다는 뜻이기도 합니다. CIA는 둘 사이에 상관관계가 성립하는 또 다른 이유도 찾아냈습니다. 높은 유아 사망률은 정부가 허약하고 비효율적이어서 아동의 질병 문제를 해결할 수 없다는 조기 경보이기도 하다는 것입니다.

열대국가들의 이런 불리한 점을 정확히 파악하면, 정책 방향도 달라질 수 있습니다. 댐을 건설하고 광산을 개발하는 등 다른 형태의 경제적 지원에 비교하면, 공중 보건 정책과 가족계획 프로그램은 큰돈을 들이지 않고 열대국가들의 기본적인 문제를 해결할 수 있습니다. 예컨대 중국 삼협 댐을 건설하는 데는 220억 유로가 필요하지만, 세계 3대 감염병으로 여겨지는 말라리아와 결핵과 에이즈를 억제하기 위한 프로그램은 전 세계에서 진행하더라도 약 180억 유로면 충분할 것입니다. 공중 보건 정책에 투자되는 소액의 자금을 고려할 때, 공중 보건에 투자함으로써 얻는 경제적 효과는 엄청납니다. 게다가 말라리아를 예방하면, 그 질병에서 비롯되는 예기치 못한 부작용까지 미리 차단하는 효과가 있지 않습니까. 그러나 댐 건설과 광산 개발은 예상하지 못한 부작용에 끊임없이 시달리기 마련입니다.

따라서 열대지역의 낮은 농업 생산성과 열악한 공중 보건은 지리적인 약점에서 비롯되는 문제라 할 수 있습니다. 또 하나의 이유를 찾자면, 온대국가에 비교할 때 열대국가에서는 높은 기온 때문에 산업장비가 상대적으로 빨리 녹슬고 부식되는 경향을 띤다는 것입니다. 이 때문에 내가 어렸던 시절, 1940년대와 1950년대에는 미국에서도 무더운 남부지역이 상대적으로 서늘한 북부지역보다 무척 가난했던 것입니다. 하지만 1950년 이후 미국 남부에 에어컨이 널리 확산됨으로써 산업장비의 부식과 고장이 줄어들며 전반적인 삶의 형태도 나아졌습니다.

그런데 지리적 약점에서 비롯되는 낮은 농업 생산성과 열악한 공중 보건이란 문제로만 어떤 국가는 부유하고 어떤 국가는 가난한 이유가 설명되는 것은 아닙니다. 가난을 부채질하는 또 하나의 지리적 요인은 육지에 둘러싸인 입지 조건입니다. 한국인이나 이탈리아인은 생각할 필요도 없는 지리적 조건입니다. 특히 이탈리아는 길쭉한 반도 국가여서, 지도에서 보면 어느 곳이나 바닷가로부터 멀리 떨어져 있지 않습니다. 이탈리아에서 가장 널찍한 곳, 즉 북부에서도 대부분의 주택은 선박이 항해할 수 있는 포 강의 지류로부터 적당한 거리 내에 있습니다. 프랑스와 독일의 경우도 비슷해서 바닷가와 선박이 항해할 수 있는 강들이 있어 육지로 둘러싸인 입지 조건을 크게 생각하지 않습니다. 미국의 경우도 삼면에 큰 바다가 있고, 지류를 사방팔방으로 뻗어 북아메리카 대륙의 상당 부분을 뒤덮고 있는 거대한 강, 미시시피 강이 있기 때문에 육지로 둘러싸인 입지 조건을 중요하게 생각하지 않습니다.

그러나 세계에는 바다와 전혀 접하지 않은 데다 선박이 항해할 수 있는 강도 없는 국가가 많으며, 그런 국가의 상황은 무척 다릅니다. 남아메리카에서는 볼리비아, 유럽에서는 몰도바, 아시아에서는 라오스와 아프가니스탄, 네팔과 우즈베키스탄이 그런 가난한 내륙국의 대표적인 예입니다. 아프리카에는 잠비아와 중앙아프리카공화국을 비롯해 많은 내륙국가가 있습니다. 바다가 옆에 있고, 항해가 가능한 강이 있으면 어떤 점에서 좋을까요? 그 장점들은 어렵지 않게 생각해낼 수 있습니다. 일단, 육지나 하늘로 상품을 운송하는 것보다 바다로 운반하는 비용이 훨씬 쌉니다. 육로로 운송하는 경우보다 바다로 운송하면 킬로그램당 운임이 평균

7배나 쌉니다. 이 때문에 볼리비아는 남아메리카에서 두 번째로 가난한 국가이며, 1884년 칠레와 치열한 전쟁을 벌인 끝에 해안지역을 완전히 빼앗김으로써 남아메리카의 유일한 내륙국이 되었습니다.(여기에서 노교수가 실수한 듯하다. 남아메리카에는 볼리비아와 파라과이, 두 내륙국이 있다. −옮긴이) 몰도바는 유럽에서 가장 가난한 국가입니다. 내륙국은 아프리카 대륙에 가장 많이 분포되어 있습니다. 아프리카 본토에 위치한 48개국 중 15개국이 내륙국입니다. 물론 여기에서 자주 언급하는 잠비아도 내륙국입니다. 이처럼 아프리카에는 바다에 접하지 않은 국가가 많기도 하지만, 아프리카 전역에서 해안부터 시작해 내륙까지 항해가 가능한 강은 나일 강이 유일합니다. 이처럼 사방팔방이 육지로 가로막힌 지형이라는 저주는 열대지역이란 약점과 더불어, 오늘날 아프리카가 가장 가난한 대륙인 이유를 설명하는 데 많은 도움이 됩니다.

국가의 빈부와 관련된 또 하나의 지리적 이유는 '천연자원의 저주'(curse of natural resources)라는 패러독스입니다. 황금과 석유, 혹은 값비싼 열대 활엽수처럼 유용한 천연자원의 은덕을 입은 나라들이 적지 않습니다. 예컨대 나이지리아는 이런 자원의 축복을 받은 반면에 이탈리아에는 그럴듯한 금광도 없고 열대 활엽수도 없습니다. 따라서 처음에 경제학자들이 나이지리아처럼 천연자원이 풍부한 국가가 이탈리아처럼 천연자원이 부족한 국가보다 훨씬 부유하게 될 것이라 분석한 것은 당연했습니다.

그러나 결과는 정반대였습니다. 천연자원이 풍부한 국가들은 이상하게도 부유하기는커녕 가난합니다. 수출을 비롯한 무역거래가 주로 천연자원을 중심으로 이루어지는 현상이 경제에 악영향을 미치기 때문입니다. 미국은 유용한 광물과 석유를 풍부히 지니고도 가난에서 벗어난 이유는 천연자원이 미국의 수출 경제에서 차지하는 부분이 극히 미미하기 때문입니다. 공업과 농업이 미국 수출에서 차지하는 몫이 훨씬 큽니다.

따라서 경제학자들은 어떻게든 이 패러독스를 설명해내야 합니다. 상식적으로 생각하면, 천연자원이 풍부한 국가가 부유해야 하지만 실제로는 거꾸로 가난한 경향을 띱니다. 이런 이유에서 경제학들이 '천연자원의 저주'라는 말까지 만들어냈던 것입니다.

천연자원이 축복보다 저주로 여겨지는 이유가 무엇일까요? 경제학자들은 몇 가지 이유를 찾아냈습니다. 첫째로는 천연자원이 그 나라 전역에 골고루 분포되어 있지 않다는 것입니다. 실제로 천연자원은 일부 지역에 집중적으로 매장되어 있는 경향을 띱니다. 이런 차이가 내란과 분리 독립 운동으로 이어집니다. 천연자원이 매장된 지역은 따로 독립해 그 이익을 독차지하기 바라거나, 독립하지는 않더라도 이익의 상당 부분이 다른 지역에 분배되는 걸 마뜩잖게 여깁니다. 광물자원이 풍부한 콩고의 동부지역에서 분리 독립 운동이 만성적으로 벌어지는 이유가 여기에 있습니다.

천연자원은 부패와 비리를 조장하기 때문에도 저주로 여겨집니다. 자원을 개인의 주머니에 감추거나, 선박 컨테이너나 파이프라인으로 빼돌리기 쉬운 경우, 또 자원에 물리적으로 접근할 권리를 쉽게 통제할 수 있는 경우에는 거의 필연적으로 부패와 비리가 개입됩니다. 자원을 착복하는 사람, 컨테이너나 파이프라인을 통제하는 사람이 돈을 직접 빼돌릴 수도 있지만, 광산이나 유전을 개발할 권리를 얻은 광산회사나 석유회사에 검은돈을 수수료로 요구할 수도 있습니다. 다이아몬드와 황금은 주머니에 감춰 운반하기도 쉽지만, 다이아몬드 광산과 금광은 채굴권을 통제하기도 무척 쉽습니다. 이런 이유에서 다이아몬드와 황금이 풍부한 국가들이 유난히 부패와 비리로 몸살을 앓고 있습니다.

천연자원을 개발하면 막대한 돈이 흘러들기 때문에 해당 산업에 종사하는 노동자들의 임금이 상대적으로 높기 마련입니다. 이런 현상도 천연자원의 저주를 부추기는 또 하나의 이유입니다. 그들은 높은 임금을 받기 때문에 값비싼 물건을 살 수 있습니다. 따라서 물가가 자연스레 상승합니다. 하지만 고임금과 고물가의 기조가 계속되면, 경제를 지탱하는 다른 산업 분야들이 천연자원 분야와 경쟁해서 버텨내기 어렵습니다.

하지만 천연자원으로 많은 돈을 버는 국가가 가난한 또 다른 이유는, 그 자원이 언젠가는 고갈되기 마련이므로 경제의 다른 분야를 발전시켜야 한다는 걸 잊기 때문입니다. 그런 국가들은 다이아몬드와 석유가 영원히 지속되리라 착각한 채 경제의 다른 분야들을 개발하지 않고 교육에도 투자하지 않습니다. 그 때문에 천연자원으로 벌어들이던 돈이 바닥나면 그런 국가들은 다시 빈곤의 나락으로 떨어집니다.

약간의 상식이 있는 사람이라면, 천연자원은 풍부하지만 경제적으로 가난한 국가를 어렵지 않게 생각해낼 수 있을 것입니다. 석유가 풍부한 나이지리아와 앙골라, 광물자원이 풍부한 콩고, 다이아몬드 생산지로 유명한 시에라리온, 은이 풍부한 볼리비아가 대표적인 예입니다. 어떤 의미에서 한국은 다이아몬드 광산과 유전이 없어 복 받은 나라, 달리 말하면 다이아몬드와 석유로 인한 문제로 피해를 입지 않는 복 받은 나라일 수 있습니다.

그러나 앞에서 보았듯이, 열대라는 지리적 위치는 결코 치명적인 저주가 아닙니다. 일부 열대국가는 열대라는 지리적 위치에서 비롯되는 문제들을 파악하고, 그렇게 알아낸 지식을 최대한 활용해 문제들을 해결하려 노력해왔습니다. 또 천연자원의 저주를 받은 몇몇 국가들은 '천연자원의 저주'에 대한 지식을 적극적으로 포용함으로써 그 저주를 깨는 방법을 찾아냈습니다. 대표적인 예가 노르웨이입니다. 노르웨이는 북해 앞바다에서 거대한 해저 유전을 발견하는 불행을 맞닥뜨렸습니다. 부패지수가 세계에서 가장 낮은 국가로 손꼽히는 국가답게 노르웨이 정부는 북해 유전에서 얻는 수익이 노르웨이 국민 모두의 것이지, 북해 주변에 위치한 일부 지역의 전유물이 아니라고 선언했고, 석유로 얻는 수익을 장기신탁기금에 투자하고 있습니다.

보츠와나는 1966년 영국으로부터 독립하였을 때 아프리카에서 가장 가난한 국가 중 하나였고, 안타깝게도 다이아몬드 광산이 발견되는 불운까지 겹쳤습니다. 그러나 보츠와나는 다이아몬드로부터 얻는 수입이 보츠와나 국민 모두의 것이지, 다이아몬드 광산 주변 사람들의 전유물이 아니라고 선언하고, 다이아몬드에서 얻은 수입을 장기적인 개발 기금에 투자했습니다. 한편 남아메리카 대륙의 트리니다드토바고는 석유를 발견하는 불운에도 불구하고, 석유에서 얻은 수익을 교육과 개발에 꾸준히 투자하고 있습니다.

요컨대 천연자원이 저주로 둔갑하는 경우가 많지만 천연자원을 결코 극복하지 못할 숙명적인 저주로 받아들일 필요는 없습니다.

지리적 관점에서, 어떤 국가는 부유하고 어떤 국가는 가난한 마지막 이유에 대해 살펴보겠습니다. 시간이 지남에 따라 인간사회는 점점 부유해지는 경향을 띤다는 주장은 결코 사실이 아닙니다. 안타깝게도 시간이 지남에 따라 더욱더 가난해진 국가들도 무척 많고, 심지어 완전히 붕괴되어 사라진 사회도 많습니다. 점점 가난해진 끝에 결국 붕괴된 사회의 유명한 예로는 그린란드 섬이 있습니다. 기원후 984년 그린란드에 정착한 노르웨이 바이킹들은 약 500년이 지난 후에 모두 죽음을 맞고 말았습니다. 또 멕시코와 과테말라의 마야 왕국은 한때 중앙아메리카에서 가장 발달된 문명국이었지만, 기원후 800년경에 붕괴되고 말았습니다. 현대 캄보디아의 앙코르를 중심으로 발달한 크메르 제국은 한때 동남아시아에서 가장 강력한 왕국이었지만 1400년대 이후로는 쇠

락의 길을 걸었습니다.

과거에 부유했던 사회가 점점 가난해지고 붕괴되는 데는 환경
문제와 인구과잉이 큰 몫을 차지한다는 것은 이미 입증되었습니
다. 예컨대 바이킹들은 그린란드에서 토양이 파괴되고 기후가 더
욱더 추워지는 문제에 부딪쳤고, 마야인들은 삼림파괴와 토양침
식 및 인구과잉이란 문제에 부딪쳤습니다. 한편 크메르 제국은 물
관리와 삼림파괴와 기후변화에서 비롯된 문제를 이겨내지 못했
습니다.

환경문제와 인구과잉이 과거에 문명의 가난과 붕괴를 재촉한
원인이었다는 교훈을 잊지 않아야 합니다. 현대 세계는 세계화된
까닭에 어떤 국가가 가난해지고 붕괴되면, 해당 국가의 문제로 끝
나지 않고 다른 국가들에도 적잖은 영향을 미치기 마련입니다. 지
난 수십 년 동안 이민과 테러의 근원지가 되거나, 자국민을 무차
별적으로 살해함으로써, 혹은 미군이나 유럽연합군이 개입하는
원인을 제공하는 만행을 자행함으로써 이웃 국가에도 적잖은 문
제를 야기한 국가들을 생각해보십시오. 소말리아, 아프가니스탄,
르완다, 부룬디, 네팔, 아이티, 마다가스카르, 파키스탄……. 모두
가 생태적으로 취약한 환경에 있거나, 인간의 행위로 환경이 심하
게 훼손된 지역에 있는 국가들입니다. 게다가 몇몇 국가는 인구까
지 과밀합니다.

그린란드와 마야 왕국과 크메르 제국이 붕괴되었던 먼 옛날에
는 붕괴에 따른 여파가 멀리까지 확대되지 않았습니다. 그러나 세

낮은 농업 생산성,
열악한 공중 보건,
입지조건,
천연자원의 저주…
극복하지 못할
문제는 없다.

계화된 오늘날의 세계에서는 아프리카 한복판이나 아시아의 한 복판에 있는 작은 국가가 붕괴하더라도 그 영향이 세계 전역에 미칠 수 있습니다.

—

　지금까지 우리는 지리적 요인이 국가의 빈부에 미치는 영향에 대해 살펴보았고, 이런 논의는 자연스레 실질적인 결론으로 이어 집니다. 요컨대 유럽연합 국가들과 미국처럼 대외 원조국이 가난 한 국가들을 지원하려 한다면 공공건물을 짓는 데만 집착하지 말 고, 공중 보건과 가족계획 및 환경보호에도 적극적으로 투자해야 한다는 결론입니다. 오늘날 대외 원조는 더 이상 과거처럼 원조국 이 일방적으로 베푸는 이타적인 관용과 고결한 구호가 아닙니다. 오늘날 대외 원조는 원조국 자신을 위한 자조적(自助的) 행위이기 도 합니다. 세계화된 오늘날의 세계에서, 가난한 국가들은 불법 이민, 질병과 테러, 군사적 개입을 부추기는 상황 등을 빚어내는 온상으로 부유한 국가들의 골칫거리가 아닐 수 없습니다. 따라서 장기적으로 보면, 미국을 비롯한 제1세계의 부유한 선진국들이 이민과 질병과 테러라는 근본적으로 해결할 수 없는 문제들과 지 루하게 싸우지 말고, 오히려 가난한 국가들이 스스로 경제적인 문 제를 해결하도록 지원하는 편이 돈도 덜 들고 효과도 더 나을 것 입니다.

COMPARING
HUMAN
SOCIETIES

JARED DIAMOND JARED DIAMOND

제도적 요인이
국가의 빈부에
미치는 영향

2

제도적 요인이
국가의 빈부에
미치는 영향

경제학의 주된 관심사 중 하나는 국가의 빈부를 결정하는 요인입니다. 다른 국가에 비해 상대적으로 부유한 국가가 있습니다. 예컨대 한국과 미국은 에티오피아와 멕시코보다 훨씬 부유합니다. 그 이유가 무엇일까요? 앞 장에서는 이 질문에 대한 대답의 일환으로 지리적인 요인에 대해 살펴보았습니다. 이번에는 다른 요인, 즉 경제학자들에게 지리적 요인보다 더 많은 관심을 받는 요인에 대해 살펴보겠습니다.

'왜 어떤 국가는 부유하고 어떤 국가는 가난한가?'라는 질문에 경제학자들이 일반적으로 제시하는 대답은 제도적 요인과 밀접한 관계가 있습니다. 인간이 만든 일부 제도가 시민들에게 뭔가를 생산하도록 동기를 부여하고, 그렇게 함으로써 국부의 증가를 유도하는 데 무척 효과적이란 것은 부인할 수 없는 사실입니다. 반대로 시민의 의욕을 떨어뜨리는 해악적 역할을 하는 제도도 있습니다. 그런 요인은 당연히 국가를 빈곤의 나락으로 떨어뜨리겠지요.

경제학자들은 제도의 중요성을 역설할 때, 서로 인접해서 자연환경이 무척 유사하거나, 과거에는 한 나라였지만 지금은 분할되어 상당히 다른 제도 하에 있어 국부가 크게 다른 나라들을 주로 인용합니다. 이런 사례들은 지리적 차이가 사소하거나 거의 존재하지 않는 경우에도 제도가 국부에 영향을 미친다는 증거가 아닐 수 없습니다. 가장 흔히 인용되는 세 사례를 소개해볼까요. 첫째, 지금은 제1세계의 생활 수준을 넉넉하게 누리는 한국과 달리 극단적으로 낙후된 북한이 있습니다. 둘째로는 옛 서독의 풍요와 달리, 베를린 장벽이 무너지고 27년이 지난 오늘날까지도 지속되는 옛 동독의 낮은 경제 수준이 있습니다. 마지막으로는 카리브 해의 히스파니올라 섬입니다. 서쪽을 차지한 아이티는 서반구에서 가장 가난한 국가인 반면에, 동쪽을 차지한 도미니카공화국은 부유한 국가라고 말할 수는 없어도 발전도상국가로 아이티보다 6배나 부유합니다.

이런 사례 연구들은 제도의 차이가 국부의 차이를 낳는다는 분명한 증거입니다. 다시 말하면, 지리적 차이가 없더라도 제도의 차이가 국부의 차이로 나타날 수 있다는 뜻입니다. 경제학자들은 이런 사례들을 일반화하여, 제도가 '어떤 국가는 부유하고 어떤

좋은 제도란
무엇인가
?

국가는 가난한 이유'를 설명해주는 주된 요인이라 결론짓기도 합니다.(1장에서는 지리적 요인도 중요한 이유에 대해 설명했습니다.) 경제학자들은 이른바 '좋은 제도'(good institution)라는 것에 대해 자주 언급합니다. 경제학자들의 관점에서, '좋은 제도'는 국민 개개인에게 뭔가를 생산하고자 하는 의욕을 자극함으로써 국부의 증강을 유도하는 경제·사회·정치적 제도를 뜻합니다.

경제학자들은 적어도 12가지의 좋은 제도를 찾아냈습니다. 여기에서 나는 12가지의 제도에 대해 짤막하게 설명하겠지만 중요성의 정도에 따라 순서까지 매기지는 않겠습니다. 달리 말하면, 내가 먼저 언급한 제도가 나중에 언급한 제도보다 더 중요하다는 뜻은 아닙니다.

1. 좋은 제도의 분명한 증거라면 부패가 없다는 것입니다. 특히 정부의 부패가 없습니다. 따라서 구성원이 열심히 일한 대가를 차지할 수 있다고 확신한다면, 열심히 일한 대가를 부패한 정부 관리나 부패한 기업에게 착취당하는 경우보다 열심히 일하겠다는 동기를 부여받게 될 겁니다.

2. 부패가 없는 좋은 제도 하에서는 개인적인 재산권을 안전하게 보호받습니다. 정부의 무분별한 몰수가 없고 민간 기업의 착취도 없을 것입니다. 여러분이 일해서 얻은 결실을 무분별하게 몰수하는 법이 있다면, 또 여러분이 땀 흘려 거둔 열매를 민간 조직이 도둑질한다면, 열심히 일할 이유가

어디에 있겠습니까?

3. 바로 앞에서 언급한 두 유형의 좋은 제도와 관련된 부분을 일반화해서 말하면 '법의 지배', 즉 법치입니다. 어떤 사건은 어떻게 처리해야 한다고 명시하는 법이 있고, 그 법이 실질적으로 집행된다면 우리는 개인적인 부를 축적하는 데 허용되는 행위와 그렇지 않은 행위가 무엇인지 알고 행동하지 않겠습니까.

4. 법치의 구체적인 사례로는 공적인 계약과 사적인 계약의 집행을 생각해볼 수 있을 것입니다. 만약 여러분이 정부나 민간 조직과 계약을 맺은 후에 설령 민간 조직이 계약을 파기하고 싶어 하더라도 정부가 여러분에게 계약을 집행하는 걸 허락할 거라고 확신한다면, 그 계약에서 이익을 얻을 가능성이 있다고 확신하며 여러분의 일을 계속 진행할 수 있을 것입니다.

5. 여기에서 언급한 네 가지 유형의 좋은 제도와 관련된 것으로 여러분에게 안심하고 금융자본을 투자하라고 유인하는 제도도 좋은 제도의 일례라 할 수 있습니다. 여러분의 자본이 몰수당하지 않을 거라는 확신, 여러분의 재산이 부패한 조직에게 빼앗기지 않을 거라는 확신, 법과 계약이 충실히 지켜질 거라는 믿음만으로는 충분하지 않습니다. 여러분이 돈을 침대 밑에 쌓아둘 수밖에 없고, 적절한 곳에 투자할 기회가 없다면, 여러분의 돈은 물건을 구입하는 수단 이외

에 여러분에게 어떤 도움도 주지 못하는 셈입니다. 그러나 여러분이 돈을 적절한 곳에 투자하며 더 큰 돈을 만들어낸다면, 열심히 일할 유인책이 또 하나 생긴 셈입니다. 따라서 주식시장, 벤처자본시장, 부동산시장이 있어 자본을 투자해 크게 불릴 기회를 제공하는 국가는 국민에게 열심히 일해야 하는 동기를 부여한다고 말할 수 있습니다.

6. 지금까지 언급한 다섯 가지 좋은 제도는 서로 밀접한 관계가 있습니다. 역시 법치의 일부로 생각할 수 있는 또 하나의 좋은 제도라면, 살인의 빈도가 낮은 제도일 것입니다. 신체적 위험과 살해의 위협에 끊임없이 시달리는 국가에서 살아야 한다면, 여러분은 살아남기 위해 많은 에너지를 허비해야 할 것입니다. 살아남는 게 최우선적인 과제일 테니까요. 안전하게 살아갈 수 있다는 확신이 없다면 열심히 일하고, 돈을 불리고 싶은 욕망도 크지 않을 것입니다. 예컨대 노르웨이는 살인의 빈도가 무척 낮습니다. 어쩌면 이런 이유에서 노르웨이가 세계에서 가장 부유한 국가인지도 모르겠습니다. 하지만 온두라스의 경우에는 살인의 빈도가 무척 높습니다. 물론 다른 이유도 있겠지만, 이런 이유에서도 온두라스는 가난한 국가입니다.

7. '정부의 효율성'(effectiveness of government)이 높은 경우도 좋은 제도에 속합니다. 정부가 고결한 법을 성문화해둔 것만으로는 충분하지 않습니다. 좋은 정부라면 그런 법을

효과적으로 집행할 수 있어야 합니다. 또 국가의 성장을 도모하는 정책을 입안하고, 유능한 인재를 공무원으로 채용하고 승진시키는 정부여야 합니다.

8. 앞으로 언급할 네 가지 제도는 재무적인 면과 관계가 있습니다. 경제학자들의 주장이 맞다면, 인플레이션의 관리가 중요합니다. 가령 현재의 통화 가치가 수년 후에도 실질적으로 동일한 수준을 유지할 것으로 예상된다면, 장기적인 재무전략을 채택하는 게 이치에 맞습니다. 하지만 1923년의 독일이나 요즘의 아르헨티나처럼 걷잡을 수 없는 인플레이션이 닥친다면, 수주 후, 심지어 몇 시간 후에는 가치가 바닥으로 떨어질 돈을 벌려고 일하는 사람이 있겠습니까?

9. 경제학자들은 한 국가 내에서나 국가와 국가 사이에 자본이 원활하게 흘러야 한다고 주장합니다. 성장의 초기 단계에 있는 자국의 경제를 보호하기 위해 단기적으로 자본의 흐름을 견제하는 장애물이 필요한 경우가 있지만, 그런 장애물은 효율적으로 운영되는 경제권과의 경쟁을 원천적으로 차단하기 때문에 장기적인 관점에서는 바람직하지 않습니다.

10. 비슷한 이유에서 경제학자들은 상품의 흐름과 관련된 무역장벽도 없애야 한다고 주장합니다. 무역장벽이 있으면, 비효율적인 산업이 다른 국가의 효율적인 산업과 경쟁하지 않아 그럭저럭 존속할 수 있기 때문에 장기적인 관점에서

는 자국 경제에 손해를 끼친다는 뜻입니다.

11. 자본의 흐름과 상품의 흐름 이외에 경제학자들은 변동환율 제도의 필요성을 강조합니다. 개인이든 기업이든 자국 통화를 외화(外貨)로 교환해서 외국 상품을 구입할 수 있다면, 통화의 교환을 가로막는 경우보다 뭔가를 생산하고 싶은 의욕이 더 커지지 않을까요? 예컨대 북한의 노동자가 땀 흘려 일해 돈을 벌어도 남한에서 생산되는 다양한 상품을 구입하지 못하고, 북한에서 생산되는 극소수의 상품만을 살 수 있다면, 누가 자발적으로 더 열심히 일하려고 하겠습니까?

12. 마지막으로 경제학자들이 강조하는 좋은 제도에는 인적자본에 대한 교육 투자가 있습니다. 어떤 국가에 좋은 교육제도가 있다면 대부분의 국민은 적절한 교육을 받고, 그에 걸맞은 좋은 일자리를 구할 수 있을 것입니다. 한편 정부는 교육받은 소수의 시민만을 위한 정책이 아니라, 국민 전체의 경제 잠재력을 개발하는 정책을 시행할 수 있을 것입니다.

—

경제학자들이 강조하는 이런 좋은 제도들이 '어떤 국가는 부유하고 어떤 국가는 가난한 이유'를 설명하는 데 큰 몫을 차지한다는 것은 부인할 수 없는 사실입니다. 노르웨이처럼 좋은 제도를 갖춘 국가들은 부유해질 가능성이 큽니다. 반면에 나이지리아처럼 이런 제도를 갖추지 못한 국가들은 더욱더 가난해질 가능성이 큽니다. 결국 제도가 국가들의 빈부 격차를 설명해주는 여러 요인 중 하나인 것은 분명합니다.

그러나 많은 경제학자가 이런 사실을 지적하는 데 만족하지 않고, 좋은 제도의 유무가 국가 간의 빈부 격차를 설명해주는 가장 결정적인 요인이라고 주장합니다. 따라서 많은 정부와 많은 비정부기구가 이런 해석에 근거해 정책과 해외 원조, 차관과 지원을 결정하고 있습니다.

하지만 좋은 제도에 근거한 설명도 완전하지는 않다는 인식이 점점 확대되고 있습니다. 물론 좋은 제도에 근거한 설명이 틀렸다는 것은 아닙니다. 이 설명이 많은 부분에서 맞다는 것은 부인할 수 없는 사실입니다. 다만 완전하지 않다는 뜻입니다.

좋은 제도에 근거한 설명이 불완전하다고 생각되는 이유 중 하나는 좋은 제도의 근원에 대한 언급이 전혀 없다는 것입니다. 왜 어떤 나라에서는 좋은 제도가 확고히 자리 잡은 반면에 어떤 나라에서는 그렇지 못할까요? 예컨대 잠비아보다 네덜란드가 국가의 성장을 촉진하는 제도를 더 효과적으로 구축할 수 있었던 이유가 무엇일까요? 네덜란드는 결국 좋은 제도를 갖춘 반면에 잠비아는 그렇지 못한 것이 순전히 우연이었을까요? 좋은 제도가 어떤 곳에서나 무작위로 생겨날 수 있는 것이라면, 아직 좋은 제도를 갖추지 못한 국가에 좋은 제도를 전달하는 게 어려운 이유는 또 무엇일까요?

달리 말하면, 좋은 제도만을 강조하는 일반적인 해석은 흔히 근인(近因, proximate cause, 혹은 종속변수)이라 일컬어지는 것과 궁극인(ultimate cause, 독립변수)을 혼동하고 있습니다. 근인과 궁극인의 차이, 즉 종속변수와 독립변수는 어떻게 다른 것일까요? 파경의 위기를 맞은 결혼 이야기를 예로 들어 둘의 차이를 설명해 보겠습니다.

내 아내, 메리는 임상심리학자입니다. 아내의 환자들 중에는 결혼이 파경의 위기에 처해 상담을 받는 부부가 가끔 있다고 합니다. 먼저 아내는 남편이나 부인, 여하튼 한쪽에 결혼이 파경의 위기를 맞게 된 이유가 뭐라고 생각하느냐고 묻습니다. 남자가 "집사람이 내 뺨을 때렸습니다! 남편에게 그런 짓을 하다니! 남편의 뺨을 때리는 여자와 함께 살고 싶지 않습니다!"라고 대답했다고 합시다.

그럼 메리는 다음에는 아내를 돌아보며 "남편의 뺨을 때린 게 사실인가요?"라고 묻습니다. 그 부인이 "맞습니다. 남편의 뺨을 때렸습니다"라고 대답하면, 메리는 다시 "그럼, 당신이 남편의 뺨을 때린 게 이혼하려는 이유인가요?"라고 묻습니다. 부인은 "아니요, 그건 우리가 이혼하려는 진짜 이유가 아니에요. 내가 남편의 뺨을 때린 데는 충분한 이유가 있어요. 남편이 다른 여자들이랑 바람을 피운 게 한두 번이 아니거든요. 그런 불륜이 우리가 이혼하려는 진짜 이유입니다. 항상 딴 여자에게 기웃거리는 남자랑 함께 살고 싶지 않아요. 내가 남편의 뺨을 때린 이유는 남편이 그런 불륜을 계속 저질렀기 때문이에요. 우리 결혼을 이어가려는 마지막 몸부림이었을 뿐이에요. 우리가 이혼하려는 진짜 이유는 남편의 불륜이에요"라고 대답합니다. 만약 부인이 냉정한 논리학자였다면 "내가 남편의 뺨을 때린 것은 우리 파경의 근인에 불과하고, 우리 파경의 궁극인은 남편의 불륜입니다"라고 자신의 입장을 설명했을 겁니다.

그러나 메리는 모든 남편이 다른 여자와 바람을 피우지는 않는다는 걸 알고 있습니다. 따라서 그 남편이 바람을 피운 데는 십중팔구 어떤 이유가 있을 거라고 생각합니다. 이 사건에서는 이유가 무엇이었을까요?

그 이유를 알아내려고 메리는 남편에게 다시 묻습니다. "다른 여자들이랑 불륜을 저질렀다는 게 사실인가요? 그래서 당신 아내가 당신의 뺨을 때렸다는 것도 사실인가요?" 남편이 "맞습니다. 내가 다른 여자들이랑 불륜을 저지른 건 사실입니다"라고 대답하면, 메리는 다시 "그런데 다른 여자들이랑 바람을 피운 이유가 뭔가요?"라고 묻습니다. 남편은 "집사람이 점점 냉정하게 변해 나한테 사랑이나 애정을 표현하지 않았고, 내 말을 듣는 척도 하지 않아 다른 여자들에게 눈길을 돌렸던 겁니다. 나도 사랑과 애정과 관심을 원하는 정상적인 남자입니다. 그래서 다른 여자들이랑 바람을 피웠던 겁니다. 사랑과 애정과 관심을 받고 싶어서요. 남녀를 떠나 정상적인 사람이라면 사랑과 관심을 원하는 게 당연한 것이 아닌가요?"라고 대답합니다.

기본적인 원인을
확인하는 데서
그치지 말고
궁극적인 원인을
찾아라.

물론 남편이 냉정한 논리학자였다면 "아내가 내 뺨을 때린 것은 우리 파경의 근인에 불과합니다. 내 불륜은 인과의 사슬에서 다음 근인에 불과할 뿐, 우리 파경의 궁극인은 아닙니다. 우리 파경의 궁극인은 아내의 냉담함입니다"라고 대답했을 겁니다.

치료를 위한 상담을 계속했다면 메리는 아내가 냉담하게 변한 궁극인을 추적했을 것입니다. 남편의 다른 행동이나, 그녀가 어렸을 때 부모에게 받은 대우 등에서 궁극적인 원인을 찾으려고 했겠지요. 하지만 이런 부부를 상대로 한 심리요법을 더 깊이 추적하지 않더라도 '근인을 확인하는 데서 멈추지 말고 궁극인에 대해 물어야 한다'라는 내 의견은 충분히 입증됩니다. 훌륭한 심리치료사라면, 남편의 뺨을 때린 사건을 파경의 원인이라 생각하며 부부의 위기를 해결하지는 않을 겁니다. 그런 식으로 문제를 해결한다면, 설령 그 이후로 부인이 남편의 뺨을 때리지 않더라도 그 부부의 문제는 여전히 계속될 겁니다. 부부 사이의 다른 문제들, 즉 궁극적인 문제가 전혀 변하지 않았기 때문입니다.

노르웨이에서는 살인 사건이 거의 일어나지 않기 때문에 노르웨이는 부유하고, 나이지리아에서는 살인 사건이 종종 일어나기 때문에 나이지리아는 가난하다고 말하는 것으로 경제학자들이 만족하지 못하는 이유도 다를 바가 없습니다. 나이지리아 사람들에게 살인을 중단하라고 호소해서 살인이 종식되면 나이지리아가 부유한 국가로 발전할 수 있을 것이라 생각할 사람은 어디에도 없을 것입니다.

살인과 부패, 재산권에 대한 경시, 법과 계약의 묵살 등 나쁜 제도가 나이지리아에서는 만연된 반면에 노르웨이에서는 그렇지 않은 궁극적인 이유를 알아내야 합니다.

달리 말하면, 좋은 제도의 근원에 대해 물어야 합니다. 좋은 제도를 하늘에서 어떤 나라들에 무작위로 뚝 떨어진 선물로 생각해서는 안 됩니다. 좋은 제도의 근원을 알아내려면, 인간사회에 존재하는 복잡한 제도들의 역사적 기원에 의문을 품어야 합니다.

―

경제학자들이 근인적(近因的) 관점에서 강조하는 좋은 제도들의 궁극적인 기원을 알아내기 위해 인류의 역사에서 13,000년 전으로 거슬러 올라가 볼까요.

13,000년 전이면 마지막 빙하기가 끝날 때입니다. 당시 인류는 지구 어디에서나 수렵채집인으로 살았지 농부나 목축인으로 살지는 않았습니다. 현재의 한국이나 미국처럼 인구가 많은 국가 수준의 사회에 비교할 때, 수렵채집사회의 정치·경제·사회적 제도는 상대적으로 단순했습니다. 또 수렵채집사회는 상대적으로 인구밀도가 낮았습니다. 평방킬로미터당 인구밀도가 지금의 한국에 비하면 턱없이 낮았습니다. 수렵채집사회는 잉여식량을 거의 생산하지 않아 미래를 위해 저장할 것이 없었습니다.

대부분의 경우, 그들은 매일 밖으로 나가 사냥하고 채집한 것을 그날 소비했습니다. 하지만 한국의 농부들이나, 농부들이 생산한 식량을 구입하는 한국인들은 식량을 비축해둡니다. 그렇게 저장한 식품이 때로는 수주, 때로는 수년까지 유지됩니다. 수렵채집인은 주로 유목민이었습니다. 달리 말하면, 일정한 거처에서 살지 않고 매일 혹은 수주 단위로 거처를 옮겼습니다. 안정된 식량 공급을 위해 계절의 변화에 따라 이동했던 겁니다. 또 수렵채집사회에는 화폐도 없고 왕도 없었습니다. 주식시장, 소득세, 구리나 철제로 만든 연장, 자동차도 없었습니다. 물론 원자폭탄도 없었습니다.

그런데 지난 13,000년 동안 이 복잡한 제도들이 어떻게 모두 생겨나고 개발된 것일까요? 식량 저장, 도시, 유로와 달러 같은 화폐, 왕과 대통령, 주식시장, 소득세 등을 우리가 어떻게 개발해낼 수 있었을까요?

이 모든 것이 복잡한 제도의 구체적인 예입니다. 이런 복잡한 제도가 때로는 좋은 것이지만, 때로는 나쁜 것입니다. 하지만 어떤 사회에 복잡한 제도가 전혀 없다면, 그 사회를 부유하게 발전시켜줄 수 있는 좋은 복잡한 제도도 없을 것입니다.

역사학과 고고학 등 사회과학의 연구에서 밝혀졌듯이, 복잡한 제도의 발전은 궁극적으로 인구밀도가 높은 정주사회의 발전과 밀접한 관계가 있습니다. 한편 정주사회는 농업의 출현으로 잉여 식량을 생산해 저장할 수 있게 되었기 때문에 가능했습니다. 따라서 복잡한 제도의 최종적인 궁극인은 농업이며, 다음의 궁극인으로는 저장할 수 있는 잉여식량을 확보하며 인구밀도가 높아진 정주사회를 꼽을 수 있을 겁니다. 농경과 목축으로 밀과 콩, 치즈의 저장이 가능해졌고, 그것들이 잉여식량이 되었습니다. 이런 잉여식량들은 왕족과 은행가, 학생과 교수 등 식량을 생산하지 않는 특수계급을 지원하는 데 사용되었습니다. 따라서 농업이 등장한 덕분에 왕족과 관료집단, 상인과 발명가, 중앙정부가 존재할 수 있었고, 군장사회와 국가로 발전할 수도 있었던 겁니다. 문자와 금속 도구, 시장경제, 씨족에 대한 충성을 넘어선 국가에 대한 충성, 교육받아 문해력을 지닌 시민, 법에 의한 정부의 통치, 대학 등이 생겨날 수 있었던 궁극인도 농업에 있습니다. 수렵채집사회에서는 이런 제도가 생겨날 수가 없었습니다. 이런 복잡한 제도들이 한국과 미국 등 중앙정부를 지닌 국가에서는 당연한 것으로 여겨집니다.

그러나 농업이 복잡한 제도의 궁극인이라면, 왜 농업이 세계 전역에서 생겨나고 발전하지 않았던 것일까요? 그랬더라면 세계 전역에서 복잡한 제도가 발전할 수 있었을까요? 왜 나이지리아는 노르웨이처럼 생산적인 농업과 제도를 발전시키지 못한 것일까요?

다시, 역사학과 고고학 등 사회과학의 연구에서 밝혀졌듯이, 농업은 세계 전역에서 균일하게 발달하지 않았습니다. 농업이 발달하려면, 그 지역에 길들일 수 있는 야생식물과 야생동물이 있어야 했습니다. 하지만 길들일 수 있는 야생식물과 야생동물이 전 세계에 골고루 분포되어 있는 게 아니었습니다. 게다가 대부분의 야생식물과 야생동물은 길들여지지도 않습니다. 예컨대 삼나무와 곰이 지금껏 길들여지지 않은 이유는 애초부터 길들여지지 않는 생물이기 때문입니다. 길들일 수 있는 야생식물은 밀과 쌀, 옥수수와 콩, 감자와 사과 등 극소수에 불과했습니다. 길들일 수 있는 동물도 소와 양, 염소와 말, 돼지와 개 등 소수에 불과했습니다.

이처럼 농업의 발달에 반드시 필요했던 야생식물과 야생동물은 일부 지역에 집중되어 있었습니다. 흥미롭게도 오늘날 곡창지대로 일컬어지는 지역, 즉 이탈리아의 포 계곡, 미국의 캘리포니아와 대초원지대, 프랑스와 독일의 드넓은 평야들, '휫벨트' (wheatbelt)라 일컬어지는 오스트레일리아 서부의 곡창지대에는 길들일 수 있는 야생식물과 야생동물이 거의 없었습니다. 길들일 수 있는 야생식물과 야생동물은 '비옥한 초승달'이라 불리는 중동지역, 중국, 멕시코와 안데스지역 등 일부 지역에 집중되어 있었습니다. 지금은 누구나 알고 있겠지만 농업은 비옥한 초승달을 비롯한 약 9곳에서 독자적으로 생겨났습니다. 농업의 고향이라 여겨지는 9곳 모두 길들여질 수 있는 야생식물과 야생동물이 상대적으로 많았던 곳입니다.

요컨대 농업은 이른바 '농업의 고향'이란 곳에서 기원전 9000년경(비옥한 초승달 지역)부터 기원전 2000년(미국 동부지역) 사이에 생겨났고, 그 후로 세계 곳곳으로 퍼져나갔습니다. 예컨대 농업이 비옥한 초승달에서 네덜란드에 전해진 것은 기원전 5500년경, 이탈리아에는 기원전 5000년경에 전해졌습니다. 잠비아에는 그리스도가 태어난 때에야 전해진 듯합니다.

그러나 시장경제, 왕족과 세금 징수원, 문자와 금속 도구 등 문명의 부산물은 농업의 아홉 고향과 그 부근에서 처음 개발되었습니다. 따라서 비옥한 초승달을 비롯한 아홉 고향과, 그 고향으로부터 농업을 상대적으로 빨리 받아들인 지역, 예컨대 이탈리아와 네덜란드는 나머지 지역들보다 훨씬 이른 시기에 복잡한 제도를 개발할 수 있었습니다.

그렇다고 고대 로마인이 옛 잠비아인보다 똑똑하고 영리했다는 뜻은 아닙니다. 다른 곳에서 길들여진 다양한 종류의 야생동물과 야생식물을 고대 로마가 운 좋게 잠비아보다 더 먼저 받아들였다는 뜻에 불과합니다.

국가의 탄생에 따른 복잡한 제도의 역사는 지역마다 다르며, 그 차이는 농업의 역사와 맞물립니다. 예컨대 그리스와 중국의 경우에는 국가의 통치가 4,000년 전에, 이탈리아에서는 약 3,000년 전에 시작되었지만, 뉴기니의 일부 지역에서는 30년 전에야 시작되었습니다.

해외 원조를 제공함으로써, 수천 년 동안 지속되던 삶을 한 세대만에 뒤바꾸기는 어렵습니다. 네덜란드의 경우에는 농업의 역사가 7,500년에 이르지만 잠비아의 경우에는 2,000년에 불과합니다. 또 네덜란드는 2,000년 전부터 문자를 사용했지만 잠비아에는 130년 전에야 문자가 도입되었습니다. 네덜란드에는 독립된 중앙정부가 500년 동안 존재했지만 잠비아에는 40년 전에야 중앙정부라는 것이 생겼습니다. 기나긴 농업의 역사와, 농업으로 인해 가능해진 복잡한 제도들 덕분에 오늘날 네덜란드가 잠비아보다 부유하고, 이탈리아가 에티오피아보다 부유한 것은 분명한 듯합니다.

농업과 농업에서 비롯된 중앙정부의 역사가 긴 국가가, 농업과 중앙정부의 역사가 짧은 국가보다 일인당 평균소득이 더 높습니다. 경제학자들이 다른 변수들을 제어한 경우에도 마찬가지입니다. 따라서 농업의 역사가 국가의 빈부에 큰 영향을 미치는 게 분명합니다. 국가 간의 평균소득 차이에서 설명분산(explained variance)의 절반 정도가 농업의 역사로 설명됩니다. 근대까지 소득이 낮았던 국가들을 비교하더라도 일본과 중국과 말레이시아처럼 중앙정부가 일찍부터 있었던 국가들이 잠비아와 뉴기니처럼 중앙정부의 역사가 짧은 국가들보다 현대에 들어 경제 성장률이 더 높았습니다.

요컨대 중앙정부의 역사가 긴 국가의 경제 성장이 요즘에도 더 빠르다는 뜻입니다. 중앙정부의 역사가 짧기 때문인지 풍부한 천연자원을 지닌 국가들 중에도 경제 성장이 더딘 국가가 적지 않습니다. 게다가 오랜 중앙정부의 역사를 지닌 국가는 가난하게 현대 세계에 진입했더라도, 중앙정부의 역사가 짧은 국가보다 훨씬 빠른 속도로 경제가 성장하는 특징을 보여주었습니다.

이런 일반적인 추세는 대부분의 경제학자가 50년 전에 잘못 제시한 예측들로도 설명됩니다. 1960년대에 한국과 가나와 필리핀은 모두 가난한 나라였습니다. 경제학자들은 셋 중 어느 국가가 부유해지고 어느 나라가 빈곤의 수렁에서 벗어나지 못할지 예측하며 서로 내기를 하곤 했습니다. 대부분의 경제학자는 가나와 필리핀이 곧 부유해지고 한국은 가난의 덫에서 벗어나지 못할 거라고 예측했습니다. 가나와 필리핀은 따뜻한 열대지역에 위치해 식량을 재배하기 쉬운 데다 천연자원도 많기 때문이라고 그들의 예측을 합리화했습니다. 반면에 한국은 추운 데다 천연자원도 별로 없어, 겉보기에는 부국으로 발전할 조건이 전혀 갖추어져 있지 않았습니다.

하지만 60년이 지난 지금, 한국은 제1세계의 경제 수준에 올라선 반면 가나와 필리핀은 여전히 가난합니다. 그 이유가 무엇일까요? 한국은 농업과 문자, 금속 도구와 중앙정부가 세계에서 가장 일찍 발달한 지역 중 하나인 중국에 인접해 있다는 것이 많은 이유 중 하나입니다.

한국은 일찍이 중국으로부터 많은 것을 전달받았고, 기원후 700년경에 단일 중앙정부 하에 통일되었습니다. 따라서 한국은 오래전부터 복잡한 제도를 경험했습니다. 현재 북한의 악독한 정부는 그런 역사적 이점을 헛되이 날려버렸습니다. 그러나 남한은 달랐습니다. 40년에 가까운 일본의 지배로부터 해방된 후로도 1950년대에 여전히 가난했지만 한국은 제도적인 측면에서 부국의 조건을 갖추고 있었던 셈입니다. 그 이점을 활용하기 위해서는 독립과 군사적 안보 및 미국의 해외 원조가 필요했을 뿐입니다. 그 후로 남한은 눈부시게 발전하여 어느덧 제1세계의 생활 수준에 올라섰습니다.

그러나 필리핀은 기원전 2000년에야 중국으로부터 농업을 전달받았고, 가나의 농업 생산성은 보잘것없었고 가축도 기원전 3000년경에야 처음 도입되었습니다. 게다가 가나와 필리핀은 독자적인 문자를 개발해내지 못했고 강력한 중앙정부도 없었습니다. 유럽이 근대에 식민 지배를 시작한 후에야 필리핀과 가나에는 문자와 중앙정부가 확립되었습니다. 따라서 필리핀과 가나의 경우 천연자원은 풍부했지만, 한국을 신속하게 부유한 국가로 올라서게 한 원동력인 복잡한 제도의 역사가 없었습니다.

이제 국가의 빈부를 결정하는 데 중요한 역할을 하는 흥미로운 제도적 요인들로 남은 것들을 언급하며 이번 장을 마무리 지을까 합니다.

먼저, 500년 전부터 유럽인에게 식민 지배를 받기 전에는 그 지역에서 가장 부유했던 많은 비유럽 국가들이 오늘날에도 여전히 상대적인 빈곤에서 벗어나지 못한 이유가 무엇일까요? 말하자면, 그 국가들은 '성쇠의 반전'(reversal of fortune)을 겪었습니다. 그래서 500년 전에는 부유했지만 지금은 가난합니다. 이런 성쇠의 반전을 어떻게 설명해야 할까요?

경제학자 다론 아제모을루(Daron Acemoğlu), 사이먼 존슨(Simon Johnson), 제임스 로빈슨(James Robinson)의 해석에 따르면, 이런 성쇠의 반전은 다양한 형태로 전개된 유럽 식민지 전략에서 비롯된 결과입니다. 유럽인들은 500년 전부터 세계 전역으로 퍼져나가기 시작했고, 온대지역에서 착취할 만한 부유한 원주민사회는 없지만 유럽인이 정착하기에 적합한 몇몇 국가를 찾아냈습니다. 미국과 캐나다, 오스트레일리아와 뉴질랜드가 이 경우에 해당됩니다. 한편 유럽인들은 열대지역에서는 열대성 질환 때문에 유럽인들이 농부로 이주해 정착하기에 적합하지 않지만, 천연자원도 많고 인구밀도도 높아 노동력을 착취할 만한 국가들을 찾아냈습니다. 멕시코와 과테말라, 페루와 볼리비아, 인도와 인도네시아가 이 범주에 속합니다.

그런데 열대지역에서는 코스타리카처럼 인구밀도도 낮고 천연자원도 없어 착취할 것이 없지만 유럽인들이 정착하기에 그다지 나쁘지 않은 곳도 있었습니다. 인구밀도가 높은 열대국가의 경우, 유럽인들은 농부로 대거 이주해 정착하는 전략보다 소수의 지배자로 군림하는 전략을 선택했습니다. 달리 말하면, 군인과 성직자와 장사꾼을 앞세워 원주민에게서 노동력과 재물을 착취하는 지배자로 살았습니다. 따라서 유럽은 이런 국가들에게 식민 정부를 세웠지만, 식민 정부는 지역민의 착취를 근거로 존재했기 때문에 근본적으로 부패할 수밖에 없었습니다.

식민시대를 끝내고 독립을 쟁취했지만, 그 국가들은 유럽의 식민 지배자들에게서 부패한 정부 조직을 유산으로 물려받아 과거의 부유했던 영광을 되살려내지 못했습니다. 따라서 그 국가들은 부패하고 착취적인 정부와 지금도 싸우고 있습니다. 반면에 인구밀도가 낮아 착취할 만한 노동력이 없는 국가에 정착한 유럽인들은 먹고살기 위해 직접 일해야 했습니다. 그런 국가에 정착한 유럽인들은 열심히 일한 대가를 정당하게 보상하는 비착취적인 제도에 기반을 둔 정부를 세웠습니다.

성쇠의 반전을 명확히 보여주는 사례는 오늘날 다섯 국가—과테말라, 엘살바도르, 온두라스, 니카라과, 코스타리카—로 쪼개진 중앙아메리카에서 찾아집니다. 스페인이 중앙아메리카에 발을 딛었을 때, 가장 부유하고 인구밀도도 높은 곳은 멕시코 국경의 남쪽, 즉 현재 과테말라가 차지하고 있는 지역이었습니다. 따라서 스페인은 과테말라에 총독을 두고, 중앙아메리카 전 지역을 하나의 단위로 통치했습니다.

과테말라 총독은 스페인 군대와 성직자를 앞세운 폭압적인 식민 정부의 통치자로서 광물자원과 원주민 노동력을 착취했습니다. 반면에 코스타리카에는 착취할 만한 천연자원이나 원주민이 별로 없었습니다. 따라서 직접 땀 흘려 일할 의지가 있는 유럽인만이 코스타리카에 정착했습니다. 이처럼 코스타리카에 정착한 유럽인들이 식민지를 운영하는 데 유럽식 제도를 도입할 수밖에 없었던 이유는, 코스타리카 원주민에게서는 착취할 만한 노동력이나 천연자원이 별로 없었기 때문입니다.

달리 말하면, 스페인 정복자들이 중앙아메리카에 도래하기 전까지 과테말라는 중앙아메리카에서 가장 부유한 지역이었고 코스타리카는 가장 가난한 지역이었습니다. 중앙아메리카가 스페인으로부터 독립했을 때, 스페인의 지배를 받던 중앙아메리카 지역은 처음에 하나의 연방체를 구성했습니다. 하지만 앞에서 언급한 다섯 국가로 분열되었습니다.

게다가 오늘날 코스타리카는 중앙아메리카에서 가장 부유한 국가가 되었습니다. 일인당 평균소득에서 코스타리카는 과테말라를 비롯해 중앙아메리카의 이웃 국가들보다 2배나 높습니다. 코스타리카는 민주주의가 제대로 작동하는 국가인 반면, 이웃 국가들은 독재 정부에 시달려야 했습니다. 코스타리카는 1948년 군대를 폐지했고, 강력한 영향력을 행사하는 억압적인 교회도 이제는 없습니다. 또 이웃 국가들과 달리 코스타리카에서 부패는 엄중한 처벌을 받습니다. 한때 코스타리카에서도 대통령을 지낸 사람들이 한꺼번에 네 명이나 부패로 투옥된 적이 있었습니다! 물론 "대통령을 지낸 사람이 네 명이나 부패로 감옥에 갇히다니, 끔찍하군!" 이렇게 말할 사람도 있을 것입니다. 맞습니다, 정말 끔찍한 일입니다. 하지만 부패한 짓을 저지르고도 감옥에 갇히지 않고 자유롭게 돌아다니는 네 명의 대통령을 두는 것보다 낫지 않습니까? 코스타리카 사람들은 "코스타리카는 가난이란 축복을 받았지만 이웃 국가들은 풍요라는 저주를 받았다"라는 식으로 자국의

부와
좋은 제도는
영원히 지속되지
않는다.

역사를 요약하기도 합니다. 중앙아메리카는 유럽 식민 정부의 지배를 받은 지역이 겪은 '성쇠의 반전'을 극명하게 보여주는 사례라 할 수 있습니다.

　요컨대 다른 국가에 비해 상대적으로 부유한 국가가 있습니다. 그 이유는 다양하고 복잡합니다. 이 중대한 질문에 간단히 대답하고 싶다면, 우리 지구가 아닌 다른 행성을 우주에서 찾아내야 할 것입니다. 지구에서의 삶은 정말 복잡하니까요.

　그래도 그 이유는 크게 두 범주로 나뉩니다. 하나는 1장에서 다룬 지리적 요인이고, 다른 하나는 여기에서 다룬 정부를 비롯한 제도적 요인입니다. 그러나 두 유형의 이유가 서로 완전히 무관하지는 않습니다. 좋은 제도가 지리적 요인과 아무런 관계도 없이 하늘에서 뚝 떨어지는 것이 아닙니다. 좋은 제도도 나름의 역사가 있으며, 그 역사는 농업의 역사와 적잖은 관계가 있습니다. 농업이 등장한 덕분에 중앙정부와 시장 같은 복잡한 제도가 발달할 수 있었습니다. 물론 복잡한 제도라고 모두가 좋은 것은 아닙니다. 좋은 것만큼이나 나쁜 복잡한 제도도 있습니다. 오늘날에는 북한, 수십 년 전에는 나치 독일이 나쁜 복잡한 제도의 대표적인 예입니다. 하지만 어떤 지역에서든 복잡한 제도가 먼저 생겨나야 경제학자들이 찬양하는 좋은 복잡한 제도가 발전할 수 있는 법입니다.

부와 좋은 제도는 영원히 지속되는 것이 아닙니다. 여기에서 우리는 500년 전에 부유했던 국가들이 '성쇠의 반전'을 겪은 사례를 보았습니다. 나쁜 제도를 받아들였기 때문이었고, 그 결과로 그 국가들은 가난해졌습니다. 이런 역사적 사실은 오늘날에도 잊지 않아야 할 교훈입니다.

COMPARING
HUMAN
SOCIETIES

JARED DIAMONDJARED DIAMOND

중국은
세계 1위가
될 수
있는가?

3

중국은 여러 이유에서 흥미로우면서도 중요한 나라입니다. 첫째, 중국은 세계에서 인구가 가장 많은 국가입니다. 둘째, 중국은 러시아와 캐나다 다음으로 세계에서 면적이 세 번째로 넓은 국가입니다. 셋째, 중국은 현재 경제력과 정치력이 급성장한 강국입니다. 또 중국은 농업과 문명이 세계에서 가장 먼저 발상한 두 지역 중 한 곳이며, 문자가 세계에서 가장 먼저 만들어진 세 지역 중 한 곳이기도 합니다. 중국은 한국과 일본을 비롯한 동아시아에는 물론이고, 열대권의 동남아시아 본토와 섬들에도 문화를 전해준 모태입니다. 게다가 중국은 인도 북동지역의 부분적인 모태문화이기도 합니다.

이런 이유에서 중국이 흥미로우면서도 중요한 국가라는 것입니다. 따라서 여기에서 나는 중국의 지리적 특징부터 민족과 언어, 음식과 역사와 미래까지, 중국에 대한 모든 것을 여러분에게 간략하게 소개해보려 합니다. 물론 이 문제를 충분히 다루려면, 피델 카스트로처럼 8시간을 쉬지 않고 강연해야 할 것입니다. 하지만 나는 여러분에게 중국을 압축적으로 소개하는 것으로 만족하고, 나머지 부분은 생략할 생각입니다. 여하튼 중국에 대한 핵심적인 사실들, 특히 지난 1만 년 동안 중국에서 있었던 사건들을 개략적으로 얘기해보려 합니다.

먼저, 중국의 지리적 특징에 대해 살펴볼까요? 중국은 지리적으로 무척 다채로운 국가입니다. 첫째로 티베트 고원이라는 세계에서 가장 넓고 가장 높은 고원이 있습니다. 물론 세계에서 높기로 손꼽히는 산들도 있습니다. 또 중국에는 세계에서 가장 길다는 여섯 강 중 두 개, 양쯔 강과 황허 강이 있습니다. 중국의 생태계는 빙하부터 사막까지, 또 열대우림부터 초원과 호수까지 다채롭기 이를 데 없습니다. 중국 내에서는 북중국이 남중국보다 건조하고 강우량도 변덕스럽습니다. 중국의 남쪽에 위치한 열대권의 동남아시아 본토, 예컨대 베트남과 태국 등은 지리적으로 한층 균일합니다. 구체적으로 말하면, 거의 전 지역이 열대우림과 계절강우림

(seasonal forest)으로 이루어져 있고, 사막이나 빙하는 없습니다. 물론 높은 산도 없습니다.

유럽인과 미국인은 중국 땅이 남북으로 엄청나게 길다는 걸 간혹 잊는 듯합니다. 중국의 위도는 북쪽에서 53도로 시작해 남쪽에서는 22도로 끝납니다. 유럽에 비교하면, 베를린에서 시작해 리비아 남부까지 이어지는 위도와 똑같습니다.

중국과 유럽의 지리적 차이는 무척 흥미롭습니다. 유럽은 중국보다 지리적으로 훨씬 더 조각난 모습입니다. 유럽을 관통하는 큰 강들은 알프스에서 시작하여 바퀴살처럼 사방으로 흐릅니다. 또한 주된 강의 유역에는 어김없이 독자적인 민족과 언어와 문화가 발생했습니다. 예컨대 포 강에는 이탈리아인, 론 강에는 프랑스인, 라인 강에는 독일인, 다뉴브 강에는 헝가리인과 슬라브인이 자리 잡았습니다. 하지만 중국에서는 두 거대한 강이 중국을 평행하게 가로지르고 있으며, 중국 역사의 초기에 두 강은 운하로 연결되었습니다. 중국에는 큰 반도가 없지만 유럽에는 큰 반도가 상당히 많습니다. 이탈리아와 그리스, 스페인과 스칸디나비아가 커다란 반도로 눈에 쏙 들어옵니다. 또 유럽에는 커다란 섬이 두 개, 브리튼 섬과 아일랜드 섬이 있지만, 중국에는 그만큼 큰 섬이 없습니다. 가장 큰 섬도 시칠리아 섬이나 사르데냐 섬 정도밖에 되지 않습니다. 유럽은 알프스 산맥과 피레네 산맥 등 높은 산맥으로 땅덩어리가 나뉘어 있습니다. 또 이탈리아는 아펜니노 산맥으로 땅덩어리가 나뉘어 있습니다. 유럽에서는 이처럼 산맥으로 분할된 지역에 독자적인 민족과 언어가 발달하고 국가가 세워졌습니다. 예컨대 이탈리아와 독일은 알프스 산맥으로 나뉘었고, 피레네 산맥의 양편에는 스페인과 프랑스가 있습니다. 반면에 중국의 중심지는 산맥으로 나뉘지 않았습니다. 결국 유럽은 지리적으로 분할된 구조이지만 중국은 지리적으로 통일된 구조입니다. 중국과 유럽의 이런 지리적 차이가 양 대륙의 역사에 어떤 영향을 미쳤는지에 대해서는 뒤에서 살펴보려 합니다.

중국인은 동아시아인입니다. 자연인류학(physical anthropology, 혹은 형질인류학)에서 동아시아인과 유럽인은 다릅니다. 중국인은 검은 직모와 검은 눈을 갖고 있습니다. 금발이나 붉은 머리칼은 한 명도 없습니다. 푸른색이나 초록색 눈을 가진 중국인도 전혀 없습니다. 중국인은 나이를 상당히 먹은 후에야 머리칼이 회색이나 흰색으로 변합니다. 말하자면, 유럽인보다 훨씬 늦은 연령에 머리칼이 회색이나 흰색으로 변합니다. 또 중국인은 몸에 털이 거의 없으며, 수염도 유럽인만큼 덥수룩하게 자라지 않습니다. 중국인의 얼굴은 상대적으로 납작한 편이며, 광대뼈가 높습니다. 중국인의 얼굴에서 가장 뚜렷한 특징은 눈꺼풀입니다. '몽고주름'(epicanthic fold)이라 불리는 주름이 있기 때문입니다. 또 중국인의 눈꺼풀에는 지방(脂肪)이 덧대져 있습니다. 몽고주름과 지방체는 추운 기후로부터 눈을 보호할 목적에서 진화된 것으로 여겨집니다.

여러분 중에서 중국에 다녀오거나 많은 중국인을 아는 사람이

지리적 위치는
중국의 역사에
어떤 영향을
주었을까?

라면, 북중국인과 남중국인이 외형적으로 다르다는 걸 눈치 챘을 겁니다. 북중국인은 외형적으로 시베리아인이나 몽골인, 한국인이나 일본인과 닮았습니다. 또 북중국인은 앞에 언급한 대로 무척 독특한 눈을 가졌습니다. 한편 남중국인은 북중국인보다 작습니다. 물론 눈도 북중국인만큼 특이하지는 않습니다. 남중국인은 외형적으로 열대권의 동남아시아인, 즉 베트남인이나 태국인, 인도네시아인이나 필리핀인과 비슷합니다. 남중국인이 열대권 동남아시아인의 조상이기 때문입니다.

북중국인과 남중국인은 치아의 형태에서도 다릅니다. 이탈리아인의 경우, 손가락 끝이나 혀끝으로 앞니 안쪽을 느껴보면 약간 볼록합니다. 약간 바깥쪽으로 튀어나왔다는 뜻이지요. 남중국인도 그렇습니다. 하지만 북중국인을 비롯해 북아시아인의 앞니 안쪽은 삽처럼 약간 오목합니다. 그래서 북중국인의 앞니는 '삽모양앞니'(shovel-shaped incisor)라고 불립니다. 당신이 북중국인이거나 한국인이라면 앞니 안쪽을 혀끝으로 느껴보십시오. 그럼 삽모양앞니를 직접 느껴볼 수 있을 겁니다.

대부분의 동남아시아인은 남중국인을 닮았습니다. 하지만 동남아시아 곳곳에는 중국인과 조금도 닮지 않은 사람들, 오히려 검은 피부와 곱슬한 머리칼을 고려하면 뉴기니인과 비슷한 종족이 적잖게 눈에 띕니다. 말레이시아의 세망족, 안다만제도의 안다만도인(島人), 스리랑카 섬의 베다족 등이 대표적인 예입니다. 이처럼 검은 피부로 뉴기니인을 닮은 종족이 동남아시아의 원주민이었습니다. 지금의 뉴기니 원주민과 오스트레일리아 원주민에서 파생된 종족으로 여겨집니다. 처음에는 그들이 동남아시아를 지배하며 살았지만 지난 5,000년 동안 중국인에 의해 거의 대체되었습니다.

———

이번에는 중국과 동남아시아에 존재하는 5가지의 어족(語族)에 대해 살펴볼까요. 유럽으로 이주해 살아가는 아시아인들에게서도 이 5가지 어족을 모두 들을 수 있습니다.

가장 큰 어족은 '중국티베트어족'(Sino-Tibetan languages)으로 약 10억 명이 사용하고 있습니다. 유럽인과 미국인은 중국티베트어족을 흔히 중국어라고 칭하지만, 실제로는 8개의 다른 언어로 구성되어 있습니다. 물론 밀접한 관계가 있는 언어들이며, 이 중에서 가장 많은 사람이 사용하는 언어는 '관화'(官話)입니다. 이탈리아어나 영어와 달리, 중국어는 성조어입니다. 달리 말하면, 중국어는 발음하는 소리의 높낮이에 따라 단어의 뜻이 달라집니다. 성조를 지닌 그 밖의 중국티베트어족으로는 티베트어와 버마어가 있습니다.

중국과 동남아시아에 존재하는 두 번째로 큰 어족은 '오스트로아시아어족'(혹은 남아시아어족, Austro-Asiatic languages)으로 약 6,000만 명이 사용하고 있습니다. 대부분의 사용자가 베트남부터 인도 북서지역까지 분포되어 있습니다. 오스트로아시아어족으로 우리 귀에 가장 익은 언어는 베트남어와 크메르어입니다. 베트남어가 중국어로부터 성조를 받아들였다는 점을 제외하면, 오스트로아시아어족은 영어나 한국어처럼 성조가 없습니다.

동남아시아에 분포된 세 번째로 큰 어족은 '따이까다이어족'(Tai-Kadai languages)으로 약 5,000만 명이 사용하고 있습니다. 따이까다이어족으로 가장 큰 범위를 차지하는 언어는 태국어입니다. 따이까다이어족의 언어들도 중국어처럼 성조를 지닙니다.

네 번째로 가장 작은 어족은 '몽몐어족'(Miao-Yao languages, 혹은 먀오야오어족)으로 약 600만 명만이 사용하며, 5개의 언어로 구성되어 있습니다. 이 언어들을 사용하는 사람들은 남중국부터 태국까지 수십여 곳에 분포되어 있지만, 그 지역이 무척 작습니다. 유럽과 미국에게 가장 널리 알려진 몽몐어족 언어는 먀오어입니다. 베트남전쟁 이후에 많은 먀오족이 미국과 유럽에 난민으로 들어왔기 때문입니다.

끝으로 '오스트로네시아어족'(Austronesian languages)은 상당히 중요한 어족으로, 인도네시아어와 필리핀어군이 여기에 속합니다. 하지만 이 어족은 말레이시아와 베트남 해안지역을 넘어 아시아 본토까지는 거의 침투하지 못했습니다.

이번에는 중국 음식에 대해 말해볼까요. 중국 음식은 독특하고 맛있는 걸로 유명하지 않습니까. 농업, 다시 말해 야생식물과 야생동물을 길들여서 곡물로 재배하고 가축으로 삼은 농업은 세계에서 몇몇 지역에서만 독자적으로 시작되었습니다. 이탈리아를 비롯해 유럽의 농업은 독자적으로 시작된 게 아닙니다. 이탈리아의 농업은 중동의 비옥한 초승달 지역에서 전해진 것입니다.

중국은 세계에서 농업이 독자적으로 발달한 극소수 지역 중 하나입니다. 농업은 비옥한 초승달과 중국에서 거의 같은 시기에 시작되었습니다. 고대 중국 농부들이 처음으로 길들인 곡물과 가축은, 비옥한 초승달 지역에서 길들인 곡물과 가축만큼이나 소중한 것이었습니다. 중국인들이 가장 먼저 길들인 곡물과 가축은 쌀과 수수, 돼지와 닭과 개였습니다. 그 후에 중국 농부들은 물소, 오리와 거위 등 다른 동물들을 길들였고, 심지어 누에까지 길렀습니다. 시간이 지남에 따라 중국 농부들은 다른 농작물, 예컨대 대두를 비롯한 여러 콩류, 귤을 비롯한 감귤류 과일, 차(茶), 살구와 배와 복숭아를 재배했습니다.

이번에는 중국의 선사시대에 대해 살펴보겠습니다. 인간은 아프리카에서 약 600만 년 전에 침팬지에서 분리된 진화계열을 따라 진화했습니다. 원생(原生) 인류는 결국 아프리카에서 나와 유럽과 아시아로 흩어졌습니다. 가장 오래된 화석 인류도 중국에서, 정확히 말하면 현재 중국의 수도인 베이징 근처에서 발견되었습니다. 그래서 그 화석은 '북경원인'(北京原人), 혹은 베이징원인이라 불립니다. 북경원인은 호모에렉투스로 알려진 원생 인류에 속합니다.

북경원인이 현대 중국인으로 진화한 것일까요? 아니면 북경원인도 약 7만 년 전에 아프리카에서 벗어나 다른 대륙들로 확산된 호모사피엔스에 의해 완전히 대체되었을까요? 이에 대한 뜨거운 논쟁이 있었습니다. 이 의문을 해결한 단서는, 북경원인도 현대 북중국인처럼 삽모양앞니를 갖고 있었다는 사실이 화석에서 확인되었다는 겁니다. 따라서 아프리카에서 나온 호모사피엔스가 중국에서 북경원인의 후손들을 만나 교미함으로써 현대 중국인을 낳았을 것이란 추론이 가능합니다. 물론 아프리카에서 나온 호모사피엔스는 중동에서 네안데르탈인이라 알려진 원생 인류를 만나 새로운 후손을 낳았을 겁니다. 그 후손이 나를 비롯한 유럽인과 미국인, 그리고 일부 아시아인입니다. 한마디로 네안데르탈인 유전자를 지닌 현대인들입니다. 하지만 미국인이나 유럽인과 달리, 오직 북중국인에게서만 북경원인 유전자와 삽모양앞니의 흔적이 발견됩니다.

비옥한 초승달 지역에서도 그랬듯이, 중국에서도 1만 년 전에 농업이 발달하며 인구가 폭발적으로 증가했습니다. 또 인구 폭발은 금속 연장의 개발로 이어졌고, 다시 국가와 제국이 생겨나고 문자도 발명되었습니다. 이런 연쇄적 발전은 중국이나 비옥한 초승달 지역이나 다를 바가 없었습니다. 그러나 중국과 비옥한 초승달은 문자의 사용에서 달랐습니다. 비옥한 초승달 지역에서 지금까지 알려진 가장 오래된 문자는 구운 점토판에 씌었고, 양과 밀 등 농산물을 헤아리는 데 사용된 듯합니다. 하지만 중국에서 가장 오래된 문자는 상형문자로 구운 동물뼈에 조각되거나 그려졌습니다. 게다가 구운 동물뼈에 쓰인 상형문자는 양과 밀을 헤아리는 데 사용된 것이 아니라 미래를 예언하는 데 사용되었습니다.

중국은 진시황의 시대, 즉 기원전 221년에 처음 정치적으로 통일되었습니다. 진시황은 비교적 최근, 즉 1974년에 발견되어 수많은 관광객이 찾는 병마용갱(兵馬俑坑)으로 유명합니다. 진시황은 앞선 시대에 존재한 모든 것을 무가치하게 생각하며, 중국에서 과거에 쓰인 모든 책을 불사르라는 명령을 내리기도 했습니다. 중국의 역사를 공부하려는 우리에게는 이만저만 불행한 사건이 아닐 수 없었습니다. 알렉산더 대왕이 자신의 이전에 존재한 모든 것을 무가치하게 생각하며 《구약성서》, 《일리아드》, 《오디세이아》, 철학자 플라톤의 《대화》 등을 불사르라고 명령했다면 어떻게 되었겠습니까?

기원전 2500년경, 중국에서는 농업과 제국이 발달하고 있었지만 열대권의 동남아시아는 여전히 수렵채집사회였습니다. 그 수렵채집인들은 십중팔구 뉴기니 원주민과 오스트레일리아 원주민을 닮은 사람들이었을 겁니다. 그런데 기원전 2500년 이후로 중국 농부들이 열대권의 동남아시아로 이주하기 시작했습니다. 뉴기니인을 닮은 원주민들은 중국인들에게 쫓겨났을 것이고, 결국 지금처럼 동남아시아의 일부 지역에만 작은 단위로 남게 되었을 겁니다. 이때 중국 농부들은 중국티베트어족, 오스트로아시아어족, 따이까다이어족, 몽몐어족에 속한 현대어의 조상어까지 동남아시아로 가져갔을 겁니다.

오늘날 동남아시아의 사회에서는 인도로부터도 크게 영향을 받았다는 증거가 눈에 띕니다. 특히 동남아시아의 문자는 인도의 문자에서 파생한 것이고, 힌두교와 불교라는 아시아의 종교도 인도에서 유래한 것입니다. 하지만 기원전 2500년경 동남아시아에 농경과 문명을 처음 전해준 주역은 중국이었습니다. 인도의 영향은 기원전 500년경에야 동남아시아에 전해지기 시작했을 뿐입니다. 물론 유럽에서도 농경과 문명이 독자적으로 발달하지는 않았습니다. 비옥한 초승달 지역에서 유럽에 전해진 것이었습니다.

—

농경과 제국, 금속 도구와 문자는 중국과 비옥한 초승달 지역에서 일찍이 거의 같은 시기에 생겨났습니다. 고대 중국은 많은 점에서 커다란 이점이 있었습니다. 요컨대 농경과 문명이 일찍부터 시작되었고, 곡물과 가축의 종류도 다양했으며, 인구도 많았습니다. 게다가 일찌감치 정치적으로 통일된 제국이 세워지기도 했습니다. 이런 이점이 복합된 결과로 중세시대에 중국은 테크놀로지에서 모든 세계를 앞서 나갔습니다. 중국에서는 테크놀로지의 발전이 일찍부터, 말하자면 다른 세계에서는 테크놀로지에 대한 인식조차 없었던 때부터 시작되었습니다. 예컨대 수문이 설치된 운하, 주철 합금, 수직 갱도, 화약, 연, 자기 나침반, 인쇄와 종이와 활자, 선미의 방향타, 외바퀴 손수레 등이 중국에서는 일찍이 발명되었습니다. 한마디로 중세 중국은 테크놀로지에서 세계를 선도했습니다.

중국이 이런 선두적 위치를 상실한 이유가 무엇일까요? 중국인이 세계 전역으로 뻗어나가 세계를 정복하지 않고, 유럽인이 먼저 세계 곳곳으로 진출해 세계를 정복한 이유가 무엇일까요? 만약 중국이 중세의 이점을 계속 유지했더라면 십중팔구 중국인이 유럽을 정복하고 식민지화했을 겁니다. 그럼 지금쯤 유럽인들은 각국의 언어가 아니라 중국어를 모국어로 사용하고 있을지도 모릅니다. 그런데 왜 지금 로마인들은 중국어가 아니라 이탈리아어를 말하고 있는 걸까요? 중세 중국이 주도권을 잃고 세계 전역을 정복해 식민지화하지 못한 이유는 세계사에서 지금까지 풀리지 않는 가장 큰 의문들 중 하나입니다.

물론 그 이유를 나름대로 해석하는 여러 이론이 있기는 합니다. 내 생각에는 이른바 '보물함대'(treasure fleet)라 불리는 중국의

중세의 중국은
모든 면에서
세계를 선도했다.
그러나…

탐험대에 닥친 사건이 이 의문을 해결할 수 있는 중요한 단서인 듯합니다. 1405년부터 1433년까지 중국 황제, 영락제는 정화(鄭和) 제독의 지휘하에 일곱 번이나 함대를 파견했습니다. 흔히 콜럼버스로 일컬어지는 이탈리아 탐험가, 크리스토포로 콜롬보가 유럽에서 아메리카 대륙에 가려고 대서양을 건널 때 탔던 세 척의 작은 범선에 비하면, 중국 함대의 규모는 어마어마했습니다. 중국 원정대는 길이가 100미터에 이르는 선박 수백 척으로 이루어졌고, 선원도 28,000명에 달했습니다. 중국 원정대는 동남아시아 해안을 따라 내려가 인도네시아를 지나 인도로 향했고, 다시 인도양을 지나 아프리카의 동부 해안에 도착했습니다. 일곱 번의 대규모 원정이 있은 후, 다시 함대를 파견했더라면 그때에는 아프리카의 남단을 지나 서부 해안을 따라 북쪽으로 올라갔을 것이고, 그랬더라면 유럽을 발견했을 것이고, 중국의 유럽 정복도 시작되었겠지요.

하지만 그런 일은 일어나지 않았습니다. 여덟 번째 함대는 없었습니다. 왜 그랬을까요?

중국에서 그런 대규모 원정을 명령할 수 있는 사람은 오직 황제밖에 없었습니다. 유럽의 황제나 왕에게도 정책을 조언하는 보좌관들이 있었듯이 중국 황제에게도 그런 보좌관들이 있었습니다. 엄청난 비용이 소요되는 함대의 원정이 가치 있는 일인지, 돈을 낭비하는 짓에 불과한지를 두고 보좌관들이 치열한 다툼을 벌였고, 결국 함대의 원정을 반대하는 당파가 1433년 권력투쟁에서

승리를 거두었습니다. 그래서 황제가 여덟 번째 함대를 파견하지 못했던 겁니다. 게다가 황제는 중국의 조선소를 폐쇄했고, 중국 선박들이 먼 바다로 나가는 걸 금지하는 명령까지 내렸습니다.

유럽의 왕들도 엄청난 비용이 필요한 원정에 돈을 쏟아 붓는 걸 중단하는 결정을 때때로 내렸습니다. 그럼 중국과 유럽은 무엇이 달랐을까요? 유럽에서는 많은 왕이 원정을 시도했지만 중국에서는 오직 한 명의 황제만이 원정을 시도했다는 것입니다. 따라서 그 황제가 보물 함대의 파견을 중단하기로 결정하자 중국의 해양 원정 자체가 막을 내렸던 것입니다.

중국 해양 원정의 종말과 유럽의 경우를 비교해볼까요? 유럽의 경우에는 해양 원정대의 파견을 지시할 수 있는 명령권자가 다수였습니다. 요컨대 황제와 왕과 대공 등이 있었습니다. 이탈리아 탐험가, 크리스토포로 콜롬보가 세 척의 작은 배로 함대로 꾸려 서쪽으로 항해해 대서양을 건너면 아시아에 도착할 수 있을 거라는 기발한 아이디어를 떠올렸을 때 이탈리아의 군주들은 콜롬보에게 "자네, 미쳤군!"이라며 콜롬보의 생각을 일축해버렸습니다. 그래서 콜롬보는 프랑스 공작에게 탐험을 위한 선박 지원을 다시 요청했지만, 프랑스 공작도 "터무니없는 짓이야!"라며 콜롬보를 비웃었습니다. 콜롬보는 다시 포르투갈 왕에게 부탁했지만, 포르투갈 왕도 콜롬보의 부탁을 거절했습니다. 다시 콜롬보는 스페인 백작을 찾아갔지만, 그 백작도 "쓸데없는 돈 낭비!"라고 소리쳤습니다. 마침내 콜롬보는 스페인의 왕과 왕비, 페르난도 2세와 이사

벨 1세 부부를 찾아가 탐험 지원을 요청했습니다. 처음에 스페인 왕은 단호히 거절했지만 콜롬보는 거듭 부탁했습니다. 결국 일곱 번째 시도에야 콜롬보는 스페인 왕과 왕비에게서 세 척의 작은 범선을 지원하겠다는 약속을 받아냈습니다. 그 이후에 대해서는 우리 모두가 알고 있습니다. 그 세 척의 범선을 이끌고 콜롬보는 신세계를 발견했고, 유럽에 돌아와 탐험에 관련된 이야기를 유럽인들에게 전했습니다. 그 후로 스페인을 비롯한 많은 유럽 국가에서 탐험대가 신세계로 향했습니다. 게다가 몇몇 탐험대가 신세계에서 황금과 은을 발견하자, 탐험가들이 줄지어 새로운 세계를 찾아 먼 바다로 향했습니다.

요컨대 유럽이 정치적으로 작은 단위로 쪼개져 있었던 까닭에 콜롬보는 많은 공작과 백작 및 군주에게 지원을 요청할 수 있었습니다. 다섯 명의 군주와 공작과 백작에게 "멍청한 소리!"라는 면박을 받았지만, 콜롬보에게는 지원을 요청할 만한 왕과 왕비가 또 있었습니다. 달리 말하면, 유럽은 정치적인 분할로 인해 탐험가와 발명가를 재정적으로 지원해줄 만한 세력가가 많았습니다. 반면에 중국은 정치적으로 통일된 땅이었습니다. 따라서 중국에는 재정적 지원을 요청할 만한 사람이 한 사람, 황제밖에 없었습니다. 황제가 허락하면 엄청난 지원을 받지만, 황제가 허락하지 않으면 한 푼의 지원도 받을 수 없는 구조였습니다.

내 생각이지만, 중국이 유럽처럼 바깥 세계를 탐험하고 정복하지 못한 이유로는 이런 설명이 가장 타당한 듯합니다. 다시 말하면, 중국은 지난 2,000년 동안 거의 언제나 통일된 국가였지만 유럽은 역사적으로 통일된 적이 한 번도 없었습니다. 아우구스투스 황제와 샤를마뉴 대제, 나폴레옹과 히틀러까지 군사적으로나 정치적으로 뛰어난 천재였던 통치자들도 유럽을 통일하지는 못했습니다.

중국이 쉽게 통일된 반면에 유럽은 통일이 불가능했던 이유는 지리적 차이에 있습니다. 유럽은 반도와 산맥, 섬과 강으로 인해 여러 정치 단위 지역으로 분할되었습니다. 하지만 중국에는 변변한 반도도 없고 큰 섬도 없습니다. 대륙을 가로지르는 산맥도 없고, 방사형으로 뻗어 흐르는 강도 없습니다. 따라서 중국은 통일을 이루고 유지하기가 쉬운 편이었습니다. 그렇다고 통일이 항상 유리한 것은 아닙니다. 통일은 때로는 유리하고 때로는 불리합니다. 중국은 일찍부터 통일된 까닭에 중국의 역사는 급격히 흔들리고 변하는 '요동'(lurching)의 역사였습니다. 하지만 유럽은 수십 개로 분할된 까닭에 수많은 군주가 수많은 실험을 시도할 수 있었습니다. 또한 중국과 달리, 유럽에서는 어떤 나라에 탐험가나 발명가로 성공한 사람이 나타나면 다른 나라들이 성공한 선례를 곧바로 모방하고 나섰습니다. 거듭 말하지만, 중국의 역사는 요동의 역사였지만 유럽의 역사는 요동의 역사가 아니었습니다.

끝으로 지금의 중국에 대해 살펴볼까요?

중국의 중요성을 이해하려면 '국가의 영향'(national impact)이란 개념이 먼저 명확히 규정되어야 합니다. 한 국가가 세계에 미치는 영향—해당 국가가 소비하는 자원의 총량 혹은 해당 국가가 생산하는 생산품의 총량—은 두 변수의 산물입니다. 다시 말하면, 국가의 영향은 '해당 국가의 국민 수×일인당 소비율 혹은 생산율'과 같습니다.

중국은 세계에서 인구가 가장 많은 국가입니다. 현재 중국인의 평균 소비율이나 생산율은 낮은 편입니다. 그러나 중국 경제는 주요 국가들에서 가장 빠른 속도로 성장하고 있습니다. 따라서 중국이 제1세계의 일인당 소비율을 따라잡는다면, 중국의 엄청난 인구를 고려할 때 세계 전체의 석유 소비량이 두 배로 증가할 것입니다. 지금 중국의 석유 소비가 제1세계의 수준에 훨씬 못 미치는데도 벌써부터 석유를 확보하려는 경쟁이 치열합니다. 또 중국의 일인당 금속 소비량이 제1세계의 수준에 올라선다면 세계의 금속 소비도 두 배로 증가할 것입니다.

중국이 소비량이나 생산량에서 이미 1위나 2위를 다투는 부문들에 대해 생각해볼까요. 현재 중국은 세계에서 석탄을 가장 많이 생산하는 동시에 가장 많이 소비하는 국가입니다. 또 철강과 시멘트, 텔레비전, 수산식품을 가장 많이 생산하는 국가이기도 합니다. 또 세계에서 가장 많이 비료를 소비하는 국가입니다. 한편 세계에서 2위인 품목도 상당히 많습니다. 예컨대 이산화탄소 배출, 열대우림의 원목 수입, 살충제의 생산과 소비, 전기 생산, 석유를 비롯한 에너지의 소비 등에서는 세계 2위입니다. 세계에서 소비되는 어류와 해산물의 3분의 1이 중국에서 소비됩니다.

중국의 일인당 소비율과 생산율이 아직 제1세계의 수준에 미치지 못하지만 이 모든 것이 사실입니다. 만약 일인당 소비율과 생산율에서 중국이 제1세계의 수준에 올라선다면 중국이 세계에 미치는 영향은 실로 엄청날 것입니다.

중국은 이미 환경문제와 인구문제로 심각한 고통을 받고 있습니다. 중국의 오염된 공기와 먼지가 한국과 일본을 넘어 미국과 캐나다까지 날아갑니다. 자동차 숫자도 폭발적으로 증가하고 있습니다. 중국의 공기질과 수질은 무척 낮아, 베이징 교통경찰의 기대수명은 42세에 불과합니다. 중국은 바다도 오염 정도가 심하고, 토양 침식도 심각한 수준입니다. 여러분이 낡은 텔레비전과 휴대폰을 버리면, 전자기기 폐기물로 중국에 보내질 가능성이 큽니다. 중국인들은 그런 텔레비전에서 금속을 추출한 후에, 남은 텔레비전을 도시 주변의 노천 쓰레기장에 버립니다. 게다가 북중국은 이미 심각한 물 부족에 시달리고 있습니다. 그래서 때때로 중국의 큰 강들이 바다로 한 줌의 물도 내려 보내지 못하는 경우가 있는 것입니다.

중국이
유럽연합이나
미국을
따라잡을 수
있을까?

그렇다고 중국에서 현재 일어나고 있는 나쁜 일을 전부 나열한 것도 아닙니다. 한국의 경우에는 정부가 잘못된 결정을 내리면 5,000만 명의 한국 국민이 피해를 입습니다. 하지만 중국 정부가 잘못된 결정을 내리면 무려 15억 명의 중국 국민에게 피해가 닥칩니다. 다행히 중국 정부가 때로는 올바른 결정을 내립니다. 예컨대 중국 정부는 1년 내에 휘발유에서 납 성분을 제거하겠다는 결정을 신속하게 내렸습니다. 미국의 경우에는 10년이란 시간이 걸린 결정이었습니다. 또 1998년에는 중국 전역에서 원생림(old-growth forest)의 벌목을 중단하는 결정을 내렸습니다. 그러나 수십 년 전의 일이지만 학교를 폐쇄하는 조치, 대규모 오염을 유발하거나 허용하는 조치 등 중국 정부는 간혹 끔찍한 결정을 내리기도 했습니다.

중국의 과거는 대함대를 일곱 번이나 원정을 보냈지만 갑자기 완전히 중단해버린 것처럼 요동의 역사였습니다. 그런데 오늘날에도 중국은 여전히 앞뒤로 급격히 요동치고 있습니다. 이런 요동이 언제쯤이나 끝날까요?

내 개인적인 생각이지만, 민주 정부가 독재 정부보다 본질적으로 유리한 듯합니다. 물론 미국인이나 유럽인은 자국의 민주 정부가 어떤 짓을 하고 있는지 생각할 때마다 분노하고 넌더리를 내며, 민주주의를 비관적으로 생각하는 경향을 띕니다. 하지만 윈스턴 처칠의 말을 기억해보십시오. 누군가 처칠에게 민주주의가 허약하고 우유부단한 통치 형태인 이유를 지루하게 나열하자, 처칠은 "예, 맞습니다. 민주주의는 최악의 통치 형태입니다. 지금까지 시도되었던 다른 모든 통치 체제를 제외하면 말입니다"라고 대꾸했다지 않습니까.

이런 이유에서, 내 생각에는 중국이 유럽연합이나 미국을 따라잡지는 못할 것 같습니다. 여하튼 앞으로 수십 년 내에 '중국이 유럽연합이나 미국을 따라잡을 수 있을까?'라는 의문이 풀리겠지요.

COMPARING HUMAN SOCIETIES

JARED DIAMONDJARED DIAMOND

개인의 위기와 국가의 위기는 어떻게 다른가?

4

개인은 물론이고 국가도 위기를 겪기 마련이고, 그 위기는 선택적인 변화를 통해 성공적으로 해결되기도 하지만 그렇지 않은 경우도 적지 않습니다. 개인의 위기를 해결하는 방법을 다룬 책은 많습니다. 개인의 위기를 해결하는 방법이 국가의 위기를 해결하는 데 적용될 수 있을까요? 국가의 위기는 어떤 점에서 개인의 위기와 다를까요?

실제로 있었던 사건을 예로 들어 개인의 위기와 국가의 위기를 설명해볼까 합니다. 내가 아주 어렸을 때 일어났지만, 지금도 그 날짜를 기억하는 사건은 코코넛 그로브 나이트클럽 화재 사건입니다. 당시 나는 겨우 다섯 살을 조금 넘긴 때였습니다. 1942년

11월 28일, 코코넛 그로브(Cocoanut Grove)라는 보스턴의 나이트클럽에서 화재가 발생했습니다. 하나뿐인 출입구가 막혔기 때문에 492명이 화재와 질식과 압사로 사망했습니다. 보스턴 병원들은 밀려드는 환자로 정신을 차릴 수 없었습니다. 화재로 크게 다쳐 죽어가는 환자만이 아니라 심리적 충격을 받은 피해자까지 몰려들었으니까요. 또 보호자들은 남편이나 부인, 자식이나 형제자매가 화재로 끔찍하게 죽은 것을 보고 정신을 잃었고, 살아남은 사람들은 수백 명이 옆에서 죽었는데 자신은 살아남았다는 이유로 죄책감에 시달렸습니다.

밤 10시 45분까지만 해도 그들의 삶은 지극히 정상적이었습니다. 추수감사절 주말, 미식축구 경기, 전시 휴가를 즐기며 밤 시간을 재밌게 보내고 있었습니다. 하지만 밤 11시쯤에는 대부분의 피해자가 시신으로 변했고, 그들의 친척들은 삶의 위기를 맞았습니다. 자신들의 정체성에서 중심을 차지하던 사람을 잃었으니까요. 그들이 예상하던 삶의 궤적이 완전히 빗나가 버렸으니까요. 사랑하는 사람은 죽었는데 그들은 멀쩡하게 살아 있다는 죄책감에 시달렸습니다. 정의로운 세상에 대한 믿음도 흔들렸습니다. 일부 친척과 생존자는 정신적으로 큰 충격을 받았고, 평생 그 충격에서 벗어나지 못했습니다. 자살한 사람도 있었습니다. 이처럼 많은 사람들이 수주 동안 상실감을 견뎌내지 못하고 극심한 고통에 시달렸지만 그 후에는 슬픔을 극복하는 과정을 서서히 시작했습니다. 슬픔을 인정하며 자신의 가치를 재평가하고, 자신의 삶에서 모든 것을 상실한 것은 아니라는 사실을 깨닫고 본래의 삶을 되찾는 과정을 시작했습니다. 많은 사람이 재혼하기도 했습니다. 그런데 최상의 경우에도, 또 수십 년이 지난 후에도 그들은 코코넛 그로브 사건의 위기 후에 형성된 새로운 정체성과 그 이전에 존재한 과거의 정체성이 중첩된 모자이크 같은 존재로 살았습니다.

이 사건은 개인의 위기에 관련된 극단적인 사례입니다. 이번에는 국가의 위기에 관련된 사건을 예로 들어보겠습니다. 1950년대 말과 1960년대 초, 나는 영국에서 살고 있었습니다. 당시 영국은 느릿하게 국가적 위기를 겪고 있었지만, 내 영국 친구나 나는 그런 낌새를 완전히 인식하지는 못했습니다. 당시에도 영국은 과학을 선도하는 국가였고 풍부한 문화적 유산을 물려받은 까닭에, 세계를 지배하고 풍요로웠던 제국 시대에 대한 기억을 여전히 잊지 못하고 있었습니다.

하지만 안타깝게도 영국은 경제적으로 고전하며 제국의 권위까지 상실해가고 있었습니다. 게다가 유럽에서의 역할에 대해서도 사방에서 의심받았고, 해묵은 계급투쟁과 물밀 듯이 들어오는 이민자도 큰 골칫거리였습니다. 이런 해묵은 문제들이 곪을 대로 곪아 1956년과 1961년 사이에 정점까지 치달았습니다. 그때 영국은 남은 전함(戰艦)을 모두 폐기했고, 처음으로 인종폭동을 경험했으며, 수에즈 운하의 위기로 더는 독자적으로 행동할 능력을 상실한 허깨비에 불과하다는 사실이 만천하에 폭로되는 수모를 겪었습니다. 이런 충격으로 영국인과 영국 정치인들 사이에서 영국의 정체성과 역할에 대한 뜨거운 논쟁이 벌어졌습니다. 그로부터 50년이 지난 지금, 영국은 당시 형성된 새로운 자아와 과거의 자아가 복합된 모자이크입니다. 영국은 제국을 버리고 유럽연합에 가입했습니다. 또 상대적으로 관대한 다인종사회가 되었으며, 사회복지와 양질의 공립학교체제를 채택함으로써 계급의 차이를 크게 줄였습니다. 이제 영국은 경제적으로 부유한 국가가 되었지만 해군력과 경제력에서 세계를 압도할 만한 힘까지 회복하지는 못했습니다. 그러나 영국은 군주를 상징적인 존재로 내세우지만 의회민주주의를 표방하고, 과학과 테크놀로지에서 세계를 선도하며, 자국 통화로 유로가 아니라 여전히 파운드를 사용하고 있습니다.

이 두 이야기에 이 장에서 다루려는 주제가 집약되어 있습니다. 변화를 요구하는 압력과 위기는 개인부터 국가와 세계까지 어떤 차원에서나 닥칠 수 있습니다. 위기는 배우자와의 이혼이나 사별 혹은 이웃 국가의 위협 같은 외적인 압력에서 비롯될 수도 있지만, 나이에 따른 변화나 국가 경제의 발전 같은 내적인 압력에 의해 위기를 맞을 수도 있습니다. 이런 외적인 압력과 내적인 압력에 성공적으로 대처하려면 선택적 변화(selective change)가 필요합니다. 개인과 국가, 어느 경우에나 마찬가지입니다.

위기에 관련하여 개인과 국가는 이처럼 유사한 점도 많지만, 분명한 차이도 있습니다. 예컨대 개인의 위기는 비교적 신속하게 해결될 수 있다는 것이며, 국가의 위기에는 개인적 차원에서는 제기

되지 않는 리더십과 집단의사결정이란 문제가 개입되는 것입니다. 또한 폭력적인 혁명이나 평화로운 혁명도 국가의 위기와 관계가 있습니다.

　개인의 위기에 대해 먼저 살펴볼까요. 삶을 살아가는 과정에서 대부분이 적어도 한 번쯤 격심한 개인적인 위기를 겪습니다. 다시 말하면, 일반적인 대처 방법으로는 극복하기 쉽지 않은 도전을 맞닥뜨리게 된다는 뜻입니다. 우리 정체성과 핵심가치와 세계관을 한꺼번에 의혹에 빠뜨리는 사건을 맞을 수도 있습니다. 그런데 대부분의 경우, 개인적인 위기는 코코넛 그로브 화재와 달리 신문의 헤드라인을 장식하지 않는 사건이지만, 그 위기를 맞은 당사자에게는 엄청난 영향을 미칩니다. 개인의 위기를 불러오는 가장 흔한 이유 중 하나는 인간관계의 문제, 예컨대 이혼 같은 밀접한 관계의 파탄입니다. 사랑하는 사람의 죽음, 자신이나 사랑하는 사람이 중병을 진단받아 자신의 미래와 세상의 공정성을 의혹에 빠뜨리는 경우, 해고와 은퇴, 중대한 금전적 피해, 좋은 시절은 이제 완전히 지나갔다고 생각하며 남은 인생에 추구할 만한 목표를 찾으려는 중년의 위기감 등도 개인적인 위기를 불러오는 흔한 이유라 할 수 있습니다.

　지금까지의 연구 결과에 따르면, 개인적 위기의 결과는 무척 다

개인이든
국가든
선택적 변화가
필요하다.

양하게 나타납니다. 새로운 가치관을 받아들이며 더욱 강해진다면 가장 바람직한 경우라고 할 수 있겠지요. 반면에 격한 감정에 휩싸여 위기에 대처할 방법을 찾아내지 못하거나, 그래서 자살까지 시도한다면 가장 안타까운 경우가 될 것입니다.

이렇게 개인적인 위기를 맞은 사람들을 심리상담사와 심리치료사는 어떻게 대할까요? 장기적인 상담이나 심리치료라는 전통적인 방법은 만성적인 문제에 중점을 두기 때문에 즉각적인 효과를 기대할 수 없어, 개인적인 위기에 대처하는 데 적합한 방법이 아닙니다.

위기에 필요한 치료법, 즉 '위기요법'(crisis therapy)은 당면한 위기 자체를 집중적으로 다루어야 합니다. 위기요법에 관련된 방법들은 코코넛 그로브 화재가 있은 후에 개발되기 시작했습니다. 보스턴의 심리치료사들과 심리상담사들도 화재 사건이 남긴 심리적 피해를 심각하게 받아들였거든요. 지금까지 개발된 위기요법은 1주일 간격으로 한 시간씩 여섯 번으로 이루어집니다. 위기의 극심한 단계를 치유하는 전형적인 6주 과정인 셈입니다.

위기를 처음 겪는 사람은 모든 것이 잘못되었다는 생각에 온 정신이 마비된 듯한 상태에 빠집니다. 따라서 이런 마비 상태를 극복하기 위한 첫 단계는 '담쌓기'입니다. 달리 말하면, "내 문제는 이 담 안쪽에 있지, 바깥쪽에 있는 것들은 전혀 문제가 없어!"라고 말할 수 있도록 진짜 잘못된 것이 무엇인지 명확히 찾아내야 한다는 뜻입니다. 그래야 담 안쪽에 있는 특정한 문제를 해결하기 위한 선택적 변화를 시작할 수 있을 겁니다. 얼핏 생각하면 전체적인 변화가 필요할 듯하지만 그런 변화는 애초부터 불가능하고 압박감을 더할 뿐입니다. 하지만 선택적 변화는 얼마든지 가능합니다.

위기치료사들은 지금까지의 경험을 바탕으로, 한 개인의 위기 극복 여부를 가늠할 수 있는 예측 인자들을 찾아냈습니다. 그 예측 인자들을 소개하면 다음과 같습니다.

- 경직된 성격보다 유연한 성격
- 자신감과 관계 있는 자아 강도(ego strength)
- 과거의 선택적 변화를 성공적으로 이끌었다는 경험에서 오는 자신감
- 성장함에 따라 개인적인 문제를 자율적으로 선택하도록 허용받는 자유로운 분위기
- 돈 문제나 끊임없는 물리적 위험 등과 같은 실질적인 문제에 구속받지 않는 데서 비롯되는 선택의 자유
- 해결책을 찾으려는 첫 시도는 성공할 가능성이 크지 않기 때문에 모호함과 실패를 용납하는 여유로움
- 문제를 해결할 방법을 배울 수 있는 본보기 친구
- 감정적 위안과 물질적 지원을 해줄 만한 친구

이번에는 국가의 위기에 선택적 변화가 적용된 사례에 눈을 돌려볼까요. 1868년부터 1912년까지 메이지 유신 기간 동안 일본이 이루어낸 발전은 선택적 변화로 눈부신 성공을 거둔 현대사적 사례입니다. 일본의 경우, 위기는 1853년 매튜 페리(Matthew Perry) 장군이 미국 함대를 이끌고 들이닥쳐 일본에 외교적 쇄국 시대를 끝내는 조약을 요구하며 시작되었습니다. 그 후로 서양 전함들이 일본의 여러 항구에 포격을 가했습니다. 하지만 그때까지 일본을 지배하던 군사 지도자들, 즉 쇼군[將軍]들은 서양의 공격으로부터 일본을 지켜내지 못했고, 결국 일본도 중국과 마찬가지로 군사적으로 패배하여 서양의 요구를 굴욕적으로 받아들여야 하는 위험에 처했습니다. 그때 일본의 젊은 개혁 집단은 쇼군들을 타도하고는 젊은 황제 메이지를 앞세워 명목적인 제국 정부를 다시 세웠습니다. 그와 동시에 군사력과 정치력에서 서양의 수준에 올라서겠다는 목표 하에 대대적인 혁신 프로그램을 시작했습니다.

그들이 추구한 변화는 급진적이었지만 선택적이었습니다. 일본은 봉건주의, 사무라이라는 사병(私兵) 조직, 복잡한 신분제도를 철폐했습니다. 한편 보편교육을 도입했고 국기(國旗)도 제정했습니다. 시험으로 공무원을 선발했고, 헌법에 기초한 내각제를 도입했습니다. 산업화를 추진하며 철로를 놓았고, 전보와 가로등을 도입했으며, 국민개병제를 실시해 모집한 군인들을 철저하게 훈련

시켰습니다. 또한 개인적인 토지 소유권을 인정했고, 서양식 극장과 음악도 받아들였습니다. 일본은 서양으로부터 많은 것을 차용하고 배웠습니다. 그렇다고 무작정 받아들이지는 않았습니다. 각 분야에서 일본의 가치와 양립할 수 있으면서도 가장 효과적인 방법을 받아들이려고 애썼습니다.

예컨대 메이지 유신 시대에, 세계에서 가장 강력한 해군력을 지닌 국가는 영국이었고, 가장 강력한 육군을 보유한 국가는 독일이었습니다. 따라서 일본 해군은 영국의 도움을 받아 재건되었고, 육군은 독일의 지원을 받아 재건되었습니다. 또 일본 헌법은 미국보다 독일 헌법을 모방해 제정되었습니다. 독일 헌법이 강력한 황제를 기초로 하고 있어 일본의 전통에 부합되었기 때문입니다. 하지만 형법은 프랑스 형법을 본보기로 삼았고, 상법은 독일 상법을 본보기로 삼아 설계되었습니다. 일본은 보편교육도 역시 서양의 보편교육을 따라 개편했지만 일본의 문화적 가치를 가르치는 데 역점을 두었습니다. 이런 급진적 변화와 더불어, 일본의 전통도 대거 유지되었습니다. 예컨대 황제에 대한 충성과 신적인 존재로의 숭상, 신도(神道)와 유교, 효도, 일본의 고유한 문자체계 등 지금도 일본을 제1세계에서 가장 독특한 사회로 남게 해준 그 밖의 많은 전통이 유지되었습니다.

1874년 이후부터 1914년까지 일본은 군사력 확대 정책을 추진했습니다. 해외 진출을 꿈꾼 야심찬 계획이었지만 현실적으로 성취 가능한 계획이었습니다. 일본이 유럽에서 많은 것을 적절하게 배우면서도 현실적인 시각을 유지할 수 있었던 결정적인 요인이 무엇이었을까요? 유럽을 배우도록 여러 국가에 파견된 젊은 개혁가들이 귀국해서, 각자 배운 분야에 대한 일본 정책을 책임지는 위치에 올랐기 때문입니다.

일본의 역사에서 메이지 유신은 우리에게 많은 교훈을 던져줍니다. 메이지 시대의 일본이 시도한 국가 개조에서도, 위기치료사들이 개인의 성공적인 위기 탈출을 위해 중요하다고 제시한 여러 요인들 중 적어도 여섯 가지가 분명히 확인됩니다.

- 첫째로는 담을 쌓는 것입니다. 일본의 많은 지도자는 분명히 변해야 할 것이 있다고 인정했지만, 서구식 방법을 통째로 받아들이지는 않겠다는 결의를 다졌습니다.
- 둘째로 일본은 핵심가치를 양보하지 않고 굳게 지켰습니다. 예컨대 신적인 존재로 여기는 황제에 대한 충성심과 일본의 문화적 가치 등입니다.
- 일본의 성공적 변화에서 찾아지는 세 번째 요인은 일본인의 자아 강도입니다. 말하자면, 일본의 독특성과 우월성에 대한 자신감을 뜻합니다.
- 넷째로는 교육과 통치, 산업화, 육군과 해군 등 많은 분야에서 서구식 모델로부터 배우겠다는 일본의 적극적인 의지가 있었습니다.
- 다섯 번째 요인으로는 미국과 영국, 프랑스와 독일로부터 받

은 지원입니다. 이들 국가는 일본의 해외 파견단을 받아 가르치고 훈련시켰습니다.

- 끝으로 일본의 지리적 조건입니다. 일본은 섬나라인 까닭에, 달리 말하면 국경을 맞댄 이웃 나라가 없는 까닭에 선택을 하는 데 상당히 자유로웠습니다. 즉, 국경을 맞댄 이웃 국가로부터 큰 압박을 받지 않았습니다.

일본의 예는 국가의 위기를 성공적으로 해결한 사례라 할 수 있습니다. 물론 그 밖에도 국가적 위기를 맞아, 정도의 차이는 있지만 그럭저럭 위기를 극복해낸 많은 국가의 사례가 있습니다. 예를 들면 다음과 같습니다.

- 제2차 세계대전 후에 닥친 경제적 침체와 사회적 불만과 제국의 종말을 해결해야 했던 영국
- 리소르지멘토, 제1차 세계대전과 제2차 세계대전 후의 후유증에 시달린 이탈리아
- 1848년, 1870년, 1968년에 통일과 재통일에서 비롯된 문제에 직면한 독일
- 샤를 드골(Charles de Gaulle)이 권력을 장악하고 1958년의 폭동을 해결한 프랑스

- 1960년 이후로 영국과의 연대의식이 느슨해졌고 백호주의도 폐지한 오스트레일리아
- 불황이 한창이던 1933년 대통령에 당선된 프랭클린 루스벨트가 일본이 진주만을 공격한 1941년에도 대통령이었던 미국
- 살바도르 아옌데와 아우구스토 피노체트가 차례로 대통령으로 통치한 칠레

이런 국가적 위기들이 똑같은 정도로 중대하지는 않았습니다. 이런 위기들에도 큰 차이가 있었습니다.

- 1848년 독일에 닥친 위기, 1948년과 1966년 인도네시아에 닥친 위기에는 폭력적 혁명이 수반되었지만 제2차 세계대전 이후 영국과 오스트레일리아에 닥친 위기에는 그런 혁명적 폭력 사태가 없었습니다.
- 일본의 경우에는 외적인 요인으로, 즉 페리 장군의 압력에 외부 세계에 문호를 개방해야 하는 위기를 맞았고, 오스트레일리아의 경우에는 영국으로부터 받던 군사적이고 경제적인 지원이 줄어들며 위기를 맞았습니다.
- 하지만 1945년에 노동당이 집권한 영국, 학생운동이 정점에 이르고 전후의 선거에서 사회민주당에서 처음으로 총리를 배출했던 1960년대의 독일에서는 사회의 변화를 요구하는 내부적 요인이 있었습니다.

- 벤소 디 카보우르 수상이 통치한 1850년대의 이탈리아, 비스마르크가 통치한 1860년대의 독일, 피노체트 장군이 통치한 1972년 이후의 칠레, 수하르토가 지배한 1965년 이후의 인도네시아에서 보듯이 남달리 독특한 지도자가 국가의 위기에서 좋은 방향으로든 잘못된 방향으로든 상당한 역할을 합니다.
- 그러나 일본의 메이지 유신이나, 1945년부터 1979년까지 영국을 바꿔놓은 변화는 한 사람의 주역에 의해 이루어진 것은 아닙니다.
- 1945년의 영국과 에드워드 고프 휘틀럼(Edward Gough Whitlam)이 총리로 재임하던 때의 오스트레일리아에서는 통일된 비전 하에 광범위한 프로그램을 추진하며 변화를 이루어냈습니다. 통일된 비전이 없었더라면 두 나라가 시도한 변화는 단편적으로 끝나고 말았을 겁니다.
- 제2차 세계대전 후의 영국은 1940년의 군사적 위기를 성공적으로 해결한 경험에서 큰 도움을 받았습니다. 그러나 인도네시아는 독립했을 때 국가를 통치해본 경험이 전혀 없었습니다.
- 일본은 국경을 맞댄 이웃 국가가 없는 섬나라인 까닭에 상당히 자유롭게 메이지 유신을 단행할 수 있었습니다.
- 미국은 1932년의 대공황과 1941년의 진주만 기습으로 위기를 맞았지만, 동서로는 큰 바다로 보호받고 남북으로는 인

구가 훨씬 적은 두 나라와 국경을 맞대고 있어 한결 자유롭게 변화를 시도할 수 있었습니다.
- 그러나 독일은 1948년 이후로 위기가 닥칠 때마다, 몇몇 강대국을 포함해 많은 나라와 국경을 맞댄 까닭에 상당한 제약을 받아야 했습니다. 한국의 경우도 이웃 나라로부터 많은 제약을 받았습니다.

결국 국가의 위기는 해당 국가의 지리적이고 역사적인 상황에 따라 많이 다릅니다.

이번에는 이런 기준틀을 미국에서 점점 불거지는 문제에 적용해보려 합니다. 물론 대부분의 미국인은 미국이 지금 위기 상황에 있다고 생각하지 않을 겁니다. 하지만 내 눈에는 경고 신호가 분명히 보입니다.

나는 균형적인 관점을 유지하기 위해서라도, 미국은 모든 것이 내리막길로 접어든 반면에 중국은 조만간 미국에 버금가는 세계적인 강대국이 될 것이라고 말하며, 미국만을 호되게 비판하고 싶지는 않습니다. 중국은 미국보다 훨씬 큰 문제에 직면해 있으며, 미국은 커다란 이점, 예컨대 세계 최대의 경제력, 세계에서 가장 강력한 군사력, 규모가 큰 국가 중에서는 가장 높은 일인당 소득

등 많은 부분에서 상당한 이점을 누리고 있습니다.

또 미국은 세계에서 인구가 세 번째로 많은 나라이기도 합니다. 중국과 인도가 차례로 1위와 2위이고 인도네시아가 4위입니다. 하지만 일인당 소득에서 세 나라는 미국에 비해 훨씬 낮고, 경제 규모도 작습니다. 미국은 지리적으로도 큰 축복을 받은 국가입니다. 알래스카와 하와이를 제외하고 48개 주 전체가 온대지역에 위치한 까닭에 농산물 생산 면적이 세계에서 가장 넓습니다. 게다가 공중 보건에서도 가장 안전한 국가입니다. 반복된 빙하 주기로 토양이 비옥하고, 대부분의 지역이 강우량도 적정한 수준입니다. 긴 해안과 선박의 항해가 가능한 강이 있어 저렴한 비용의 운송이 가능합니다. 또 미국의 역사에서 민주주의가 단절된 적이 없습니다. 윈스턴 처칠의 말대로, 민주주의는 온갖 약점 때문에 최악의 통치 형태이지만 지금까지 시도되었던 어떤 통치 체제보다는 낫지 않습니까! 미국은 연방제도를 선택한 덕분에, 이론적으로는 50가지 방법을 실험해 가장 효과 있는 방법을 선택할 수 있습니다. 또 미국은 군사력을 정치력으로 통제해왔습니다. 미국 정치권의 부패 정도는 세계 기준에 비하면 상대적으로 낮은 편입니다. 또한 미국은 인적자본에 꾸준히 투자해왔습니다.

달리 말하면, 미국은 상당히 많은 이점을 긍정적으로 활용해왔습니다. 그러나 아르헨티나처럼 국가적 차원의 이점을 제대로 활용하지 못하고 덧없이 허비하는 국가가 적지 않습니다. 그런데 요즘 미국이 이런 이점을 낭비하고 있는 듯한 경고 신호가 곳곳에서 눈에 띕니다. 특히 상호 관련된 네 가지 징조가 미국 민주주의의 쇠락을 부추기고 있는 듯합니다. 민주주의는 미국이 역사석으로 누려온 강점 중 하나인데 말입니다.

그런 네 가지 징조 중 하나는 정치적 타협의 반복되는 결렬입니다. 이런 현상이 10년 전부터 점점 빈번해지는 경향을 띠고 있습니다. 특히 연방정부가 정체 상태에 빠져 있습니다. 올해 의회가 통과시킨 법이 근래 들어 가장 적다고 하지 않습니까! 다른 민주국가에 비해 미국이 정치적 타협을 이루어내지 못하고 있다는 게 정말 이해하기 힘듭니다. 몇몇 원인을 추정해보면, 텔레비전과 인터넷 및 문자 메시지의 확산 때문이 아닐까 싶습니다. 그런 수단의 확산은 얼굴을 맞댄 커뮤니케이션의 감소를 뜻하니까요. 또 항공교통의 발달로 의원들이 주말이면 지역구로 내려가기 때문에, 과거처럼 워싱턴에 머물며 당파를 초월해 인간으로서 교제하고 상대를 알아가는 시간이 부족합니다. 또 이제는 많은 사람이 이데올로기적으로 편향성을 띤 텔레비전을 통해 정보를 얻는 경향이 있습니다. 하지만 이런 모든 요인은 유럽과 캐나다, 일본과 오스트레일리아에도 똑같이 적용되지 않습니까! 따라서 유독 미국에서만 정치적 타협이 자주 결렬되는 이유는 미스터리가 아닐 수 없습니다.

미국 민주주의가 위기를 맞았다는 두 번째 징조는 투표와 관계가 있습니다. 모두가 알겠지만, 투표는 민주주의의 출발점입니다. 지방정부와 주정부를 차지한 정당들이 상대 정당에 투표할 듯한 사람이 투표하는 걸 방해하려고 유권자 등록을 점점 어렵게 만들고 있습니다. 어렵게 유권자 등록을 하는 데 성공하더라도 실제로 투표에 참가한 사람의 수, 즉 투표율도 다른 민주국가에 비해 낮은 편입니다. 대통령 선거에서도 60퍼센트에 불과합니다. 내가 사는 로스앤젤레스에서 최근에 실시된 시장 선거의 투표율은 고작 20퍼센트였습니다. 선거운동이 실질적으로 중단되지 않고 계속된다는 점에서, 또 선거운동에 막대한 비용을 쏟아 붓는 까닭에 정보가 왜곡되어 시민에게 전달된다는 점에서 미국에 비견할 만한 민주국가는 없습니다.

미국 민주주의의 위기를 예고하는 세 번째 징조는 점점 심화되는 사회경제적인 불평등 현상입니다. 미국인들은 미국을 무한한 기회의 땅이라 생각합니다. 한마디로, 누구나 능력만 있으면 빈털터리에서 부자가 될 수 있다고 믿습니다. 하지만 안타깝게도 진실은 이런 소중한 믿음과 정반대입니다. 다른 주요 민주국가에 비교할 때 미국에서는 사회경제적인 신분 이동이 낮습니다. 또 아버지 소득과 아들 소득 간의 상관관계에서도 미국은 다른 민주국가에 비해 높습니다. 미국의 공교육 시스템이 황폐화된 것도 적잖은 이유입니다. 달리 말하면 미국은 인적자본을 제대로 개발하지 못하고 있다는 뜻입니다. 투자를 잘못하고 있다는 증거이겠지요. 이런 상황이 계속되면, 자신만이 아니라 자식까지도 삶의 환경을 개선할 기회가 거의 사라졌다는 현실을 깨닫는다면, 많은 사람이 좌절해 폭동을 일으킬 위험이 증가합니다. 나는 로스앤젤레스에서 살면서, 지난 수십 년 동안 벌써 두 번이나 대규모 폭동을 경험했습니다.

미국 민주주의를 위협하는 마지막 징조는 미국 정부가 공공의 목적을 위해 투자하는 돈이 상대적으로 적다는 것입니다. 예컨대 공교육에는 물론이고 사회기반시설, 과학과 테크놀로지, 비군사적인 연구개발에 투자하는 액수가 상대적으로 적은 편입니다. 반면에 결코 미래를 위한 투자라 할 수 없는 부문에 상당한 국세를 쏟아 붓고 있습니다. 예컨대 미국의 교정제도(prison system)는 사회복귀보다 감금과 처벌에 초점이 맞추어져 있습니다. 또 건강관리비용은 미국인의 건강을 향상시킬 목적으로 쓰이지 않아, 주요 민주국가 중에서 미국인의 건강지표가 가장 낮습니다. 미국이 유럽연합, 일본과 오스트레일리아에 적정한 분담금을 요구하지 않고 그 국가들의 군사적 안전을 위해 턱없이 많은 비용을 부담하는 이유를 따지지 않는 경우에만 군사비는 투자로 여겨질 수 있을 겁니다.

지금까지 언급한 네 가지 징조는 미국이 위기를 맞았다는 사실을 입증해주기에 충분합니다. 그럼 내가 제시한 기준틀에 따르면, 미국은 이 위기를 성공적으로 해결할 수 있을까요? 내 기준틀에서 성공과 관련된 요인들은 미국인의 자아 강도, 미국이 최고라는 자부심입니다. 또 국제사회에서의 역할, 인종 평등과 성 평등에 관련된 핵심가치를 꾸준히 바꿔왔다는 사실에서 입증되었듯이 유연한 사고방식도 미국의 성공적인 위기 극복을 보장하는 요인이라 할 수 있습니다. 또 유럽 국가들과 일본은 주변에 강대국이 있어 선택의 자유가 제한된 반면에 미국은 동서로 큰 바다가 있고 남북으로는 인구가 훨씬 적은 두 나라와 국경을 맞대고 있어 한결 자유롭게 변화를 시도할 수 있다는 지리적 조건도 미국이 위기를 성공적으로 극복할 것이란 기대감을 높여주는 요인입니다.

그러나 내 기준틀에는 미국이 문제를 해결할 가능성을 비관적으로 생각하게끔 만드는 요인들도 있습니다. 첫째로는 미국의 우월의식입니다. 이 때문에 미국인은 다른 국가로부터 배울 것이 없다고 생각합니다. 바로 이런 이유에서 미국은 이웃 국가인 캐나다만이 아니라 유럽 국가들도 교도소 문제와 국민 건강관리와 교육 문제를 어떻게 성공적으로 해결했는지 눈여겨보려고 하지 않습니다. 미국의 위기 극복 능력을 비관적으로 생각하는 두 번째 이유는, 영국과 독일과 일본과 달리 미국은 좌절과 실패를 경험한 적이 거의 없다는 것입니다.

미국이 현재의 이점을 계속 헛되이 낭비할까요? 아니면 메이지 시대의 일본처럼 문제를 직시하고 어떻게든 해결하려고 노력할까요? 솔직히 나는 잘 모르겠습니다. 두고 보면 알겠지요.

끝으로 전 세계가 직면한 문제에 대해 살펴볼까요? 현재 전 세계가 직면한 문제로는 세 가지가 두드러져 보입니다.

첫째로는 세계화된 세계에서 국가 간의 불평등이 심화되고 있다는 것입니다. 과거처럼 커다란 바다가 가난한 나라들로부터 부유한 나라를 보호해주었다면, 미국과 유럽은 가난한 나라들에 좌절한 사람들에게 어떤 위협도 받지 않았을 겁니다. 하지만 2001년 9월 11일의 참사에서 입증되었듯이 세계화된 세계는 다릅니다. 가난한 나라에 좌절한 사람들이 어떻게든 미국과 유럽에 들어옵니다. 게다가 때로는 분노와 좌절을 폭력적 수단으로 드러냅니다.

둘째로는 환경자원이 부족하고 환경훼손이 심화된 까닭에 자원의 공급이 크게 줄어들고 있는 현상입니다. 특히 수산자원, 숲과 표토(表土), 맑은 물이 크게 줄어들었습니다.

세계적인 협력이 필요한 세 번째 문제는 기후변화로, 정말 중대한 문제입니다. 기후변화는 흔히 지구온난화로 잘못 지칭되지만, 지구온난화보다 훨씬 심각한 문제입니다. 극단적인 기후, 폭풍우, 해양 산성화, 해수면 상승 등이 기후변화의 영향입니다.

미국이 직면한 문제가 그렇듯이, 세계가 직면한 문제도 해결 가능성을 낙관적으로 생각할 수만은 없습니다. 비관적으로 생각할 수밖에 없는 주된 이유는 세계정부 역할을 하며 세계적인 문제를 관리하고 결정할 만한 실질적인 조직이 없다는 것입니다. 그래도 조심스럽게 낙관론을 제시할 수 있는 이유는 경제적인 부와 힘이 소수의 국가에 집중되어 있기 때문입니다. 미국과 중국, 두 국가에서만 전 세계 이산화탄소 배출량의 41퍼센트를 차지합니다. 다섯 국가로 확대하면, 즉 미국과 중국에 인도와 일본과 유럽연합을 더하면 이산화탄소 배출량의 60퍼센트를 차지합니다. 다시 말하면, 실질적인 세계정부 역할을 하는 기구가 없더라도 미국과 중국, 인도와 일본과 유럽연합이 합의해서 자체적으로도 이산화탄

극복할
가능성 51%,
해결하지 못할
가능성 49%

소 배출량을 줄이는 동시에, 나머지 40퍼센트를 배출하는 국가들에도 관세장벽으로 압력을 가하면, 세계를 위협하는 문제를 크게 해결할 수 있다는 뜻입니다.

세계 지도자들과 시민들이 어떤 결정을 내릴까요? 두고 보면 알겠지요.

COMPARING
HUMAN
SOCIETIES

JARED DIAMONDJARED DIAMOND

위험 평가: 전통사회에서 우리는 무엇을 배울 수 있을까?

5

위험 평가:
전통사회에서 우리는
무엇을 배울 수
있을까?

이번에는 위험을 평가하는 방법에 대해 알아보려 합니다. 이상하게도 우리는 어떤 유형의 위험은 습관적으로 과대평가하는 반면에 어떤 유형의 위험은 습관적으로 과소평가합니다. 특히 우리가 어떤 행동을 끊임없이 반복하지만 그 행동에 수반되는 위험이 무척 낮을 경우에는 그 위험 자체를 무시하는 경향을 띱니다. 그런데 뉴기니인 같은 전통사회의 원주민이 위험을 평가하는 방법에서 우리가 무엇을 배울 수 있을까요?

내가 뉴기니를 방문하던 초창기에 경험했던 사건에 대한 이야기로 시작해보려 합니다. 또 그 사건을 통해 위험에 대처하는 뉴기니인의 자세에서 내가 무엇을 배웠는지도 말씀드리겠습니다.

그 사건이 일어났던 때 나는 뉴기니라는 땅에 어떤 위험이 있는지도 몰랐습니다. 당시 스물여덟 살의 젊은 나이였던 까닭에 전반적인 위험에 대해서도 큰 인식이 없었습니다. 말하자면, 위험에 대한 인식에서 요즘의 젊은이들과 다를 바가 없었습니다. 나는 금강불괴라고 생각하며, 부모를 비롯한 연장자들이 위험을 지나치게 겁낸다고 생각했습니다. 또 위험이 노인들에게는 해를 끼칠 수 있어도 나처럼 강한 젊은이에게는 어떤 해도 끼칠 수 없을 거라고 생각했습니다.

내가 새를 관찰하며 뉴기니 산악지대의 숲에서 뉴기니 사람들과 함께 지낼 때 그 사건이 있었습니다. 나는 낮은 고도에서 새 관찰을 끝낸 후, 산새들을 관찰하려고 높은 고도로 올라갔습니다. 우리가 높은 고도에 도착한 때는 오후 중반경이어서 곧바로 우리는 다음 일주일을 보낼 만한 캠프장을 찾아야 했습니다.

나는 정말 멋진 캠프장이라 할 만한 곳을 찾아냈습니다. 굵은 줄기가 직선으로 곧게 뻗은 아름다운 나무 아래였습니다. 그 나무는 평평한 산등성이의 한쪽에 우뚝 서 있어, 내가 이리저리 돌아다니며 새를 관찰하기에도 적합한 곳이었습니다. 또 근처에는 깊은 계곡으로 가파르게 떨어지는 절벽이 있어, 그곳에 서면 확 트인 골짜기가 내려다보였고, 골짜기를 가로지르는 매와 칼새와 앵무새를 관찰할 수 있었습니다. 그래서 나는 뉴기니 친구들에게 그 큰 나무 아래에 천막을 설치하라고 말했습니다.

그런데 놀랍게도 뉴기니 친구들이 불안한 표정을 지으며 그곳에 천막을 치는 걸 거부했습니다. 그 큰 나무 아래에서 잠을 자는 건 위험하다는 것이었습니다. 그들은 그곳에서 잠자는 건 무섭다 며, 100미터쯤 떨어진 공터에서 잠을 자겠다고 말했습니다. 하지 만 내가 보기에 그 나무는 정말 안전했습니다. 그래서 내가 그들 에게 그 나무 아래에서 잠자고 싶지 않은 이유가 뭐냐고 묻자, 그 들은 "봐요! 죽은 나무잖아요! 우리를 덮쳐 죽일 수도 있다고요!" 라고 대답했습니다.

나는 그 나무를 꼼꼼히 뜯어보았습니다. 그들의 지적에 동의할 수밖에 없었습니다. "그래, 맞아요. 죽은 나무가 맞네요." 하지만 나는 뉴기니 친구들에게 다시 이렇게 말했습니다. "엄청나게 큰 나무예요. 죽은 후로도 여기에서 오랫동안 서 있었어요. 앞으로도 오랫동안 여기에 그대로 서 있을 거예요. 적어도 이번 주에는 절 대 쓰러지지 않을 거예요! 그러니까 여기에서 잠을 자도 안전하 다고요!"

그러나 뉴기니 친구들은 여전히 그 나무 아래에서 잠을 자는 건 안전하지 않다고 우겼고, 결국 그곳에서 잠을 자지 않았습니다. 당시 나는 그들의 두려움이 지나치게 과장된 것이고, '편집증'에 가깝다고 생각했습니다. 편집증은 지나치게 부풀려진 두려움을 뜻하는 심리학적 용어입니다. 편집증에 걸린 사람은 적절한 수준 으로 조심하고 신중하게 행동하는 게 아닙니다. 당장에 심리학자 나 정신과 의사를 찾아가, 과장된 두려움을 극복하기 위한 치료를 받아야 합니다. 하지만 뉴기니 친구들은 내 말을 듣는 척도 하지 않았습니다. 여하튼 내 고집에 그들은 죽은 나무 아래에 나를 위한 천막을 설치했지만, 천막에는 나만을 남겨두고 100미터쯤 떨어진 곳에서 잠을 잤습니다. 일주일 내내 나는 그 나무 아래에서 잠을 잤지만 멀쩡하게 살아남았고, 그 나무는 쓰러져 나를 덮치지 않았습니다. 뉴기니 친구들이 편집증 환자라는 내 생각에 확신을 더해주는 증거였습니다.

하지만 그 후로 많은 시간이 지나고 뉴기니에서의 경험도 축적되었습니다. 이제는 뉴기니의 숲에서 밤을 보낼 때마다 숲 어딘가에서 죽은 나무가 쓰러지며 땅을 때리는 소리가 내 귀에 들립니다. 낮에 새를 관찰하고 돌아다닐 때에도 어딘가에서 죽은 나무가 쓰러지는 소리가 들립니다. 언젠가부터 나는 죽은 나무가 쓰러지며 땅을 때리는 소리에 대해 생각하기 시작했고, 결국에는 이런 계산까지 해보았습니다. 가령 여러분이 죽은 나무 아래에서 잠을 자는 나쁜 습관이 몸에 뱄다고 해봅시다. 또 여러분이 죽은 나무 아래에서 잠을 청한 특정한 날에, 그 죽은 나무가 쓰러질 가능성이 1,000분의 1이라고 해봅시다. 그럼 여러분이 매일 밤 죽은 나무 아래에서 잠을 잔다면 어떻게 될까요? 그렇게 3년이 지나면, 3×365이므로 1,095번의 밤을 죽은 나무 아래에서 보낸 셈입니다. 매일 밤, 나무가 쓰러져 여러분을 덮칠 가능성은 1,000분의 1입니다. 그럼 3년 후에 여러분은 싸늘한 시체로 변해 있을 수 있습니다. 생활방식 때문에 숲에서 잠을 자는 경우가 많은 뉴기니 사람들이 죽은 나무 아래에서 잠을 자지 않는 이유가 여기에 있습니다. 뉴기니 사람들은 부주의한 사람들에게 닥친 운명을 통해, 죽은 나무 아래에서는 잠을 자지 않아야 한다는 교훈을 배웠던 것입니다.

처음에 뉴기니인들의 편집증이라 생각했던 행동들이 지금은 완전히 이해됩니다. 지금은 그런 행동을 편집증이라 생각하지 않습니다. 내가 만든 명칭이지만 '건설적 편집증'(constructive paranoia)이라 생각합니다. '건설적 편집증'은 터무니없는 과민 반응이 아니라 나름대로 타당성을 지닌 조심스런 자세를 뜻합니다. 건설적 편집증이란 마음가짐은 내가 뉴기니에서 연구하며 배운 가장 중요한 교훈으로, 특정한 유형의 위험을 해소하는 방법에 대한 교훈입니다. 예컨대 한 번 행할 때는 위험 수준이 무척 낮지만 그 행동을 반복하면 위험의 가능성이 누적되므로 결국에는 그 행위로 인해 여러분이 죽음을 맞을 가능성이 커지지 않겠습니까. 이런 위험을 피하는 방법에 대한 교훈이 '건설적 편집증'입니다.

위험을 조심스레 대하는 내 태도에 미국과 유럽의 많은 친구들은 짜증을 내기도 합니다. 하지만 미국과 유럽에 살더라도 생활방식 때문에 어쩔 수 없이 위험에 반복적으로 노출되는 친구들, 또 부주의한 동료의 죽음으로부터 신중한 자세의 중요성을 깨달은 친구들은 내 건설적 편집증을 너그럽게 이해해줍니다. 런던의 길거리에서 비무장 경찰관으로 근무하는 영국인 친구가 있습니다. 런던 거리에는 무장한 범죄자들이 많은 까닭에 그 경찰관 친구의 건설적 편집증에는 나도 무색할 지경입니다. 잠재적 위험을 지닌

터무니없는
과민 반응과
타당성을 지닌
조심스런 자세의
차이

사람을 신속하게 알아내야 하는 방법을 터득해야 했기 때문입니다. 또 낚시꾼들을 급류가 흐르는 곳까지 데려다주는 게 본업이지만 부주의한 안내인들이 실수로 죽는 것을 보고는 건설적 편집증을 갖게 된 낚시 안내인 친구도 있습니다. 소형 비행기를 조종하는 친구도 역시 건설적인 편집증 덕분에 지금까지 살아 있는 듯합니다. 적잖은 조종사가 부주의한 까닭에 제명에 죽지 못하는 걸 목격했거든요. 요컨대 뉴기니 친구들이 그랬듯이, 우리 모두가 경험을 통해 건설적 편집증의 중요성을 깨달았습니다.

───

그러나 뉴기니를 비롯해 전통사회에서 위험에 대해 생각하는 방법과 미국인이 위험에 대해 생각하는 방법 사이에는 커다란 차이가 있습니다.

예컨대 미국의 삶과 전통사회의 삶에 내재한 위험에는 차이가 있습니다. 무엇보다 위험의 유형이 다릅니다. 뉴기니를 비롯한 전통사회에서 주된 위험은 사자와 위험한 벌레, 쓰러지는 나무, 추위와 비 등 자연환경과 관계가 있습니다. 이런 환경적 위험은 서구세계에서는 크게 중요하지 않습니다. 우리가 자연환경을 충분히 길들이고 다스려왔으니까요. 그런데도 우리 부부는 지난해 몬태나에서 휴가를 보낸 던 중에 나무가 쓰러져 거의 죽을 뻔했습니다. 한편 전통사회에서는 자연환경에 따른 위험 외에도 폭력과 감염성 질병과 기아가 목숨을 위협하는 위험 요인입니다. 물론 이런 위험 요인들도 서구사회에서는 별로 중요하지 않습니다. 대신 서구사회에는 새로운 유형의 위험이 대두되었습니다. 자동차와 사다리, 심장마비와 암 등 비전염성 질병이 대표적인 예입니다. 따라서 우리는 전통적인 위험의 일부를 해소한 대신, 새로운 종류의 위험을 만들어낸 셈입니다.

미국에 내재한 위험의 유형과 뉴기니에 내재한 위험의 유형은 분명히 다릅니다. 전통사회의 평균수명인 50세에 불과하지만 미국의 평균수명은 거의 80세인 것에서 짐작할 수 있듯이, 전반적인 위험 수준, 즉 위험에 따른 연간 사망률도 뉴기니보다 미국이 낮습니다.

또 다른 중대한 차이는, 미국인은 사고의 영향에서 쉽게 회복되는 반면에 사고를 당한 뉴기니인은 불구가 되거나 목숨을 잃을 가능성이 훨씬 높다는 것입니다. 언젠가 나는 하버드대학교 밖에서, 여하튼 보스턴 한복판에서 빙판길에 미끄러져 발목이 부러진 적이 있었습니다. 난생 처음으로 발목이 부러진 것이었습니다. 나는 넘어지며 발목이 부러진 까닭에 절뚝거리며 10미터쯤 떨어진 공중전화까지 걸어가 의사인 아버지에게 전화를 걸었습니다. 아버지는 직접 자동차를 몰고 와 나를 태우고는 병원으로 데려갔습니다. 정형외과의사가 부러진 뼈를 완벽하게 맞춘 후에 깁스를 해주었습니다. 얼마 지나지 않아 나는 완전히 치료되고 정상적으로 걸을 수 있었습니다. 하지만 뉴기니에서 다리가 부러지면, 더구나 가장 가까운 활주로가 사흘을 꼬박 걸어가야 하는 곳에 있다면, 부러진 다리로 어떻게 그곳까지 걸어갈 수 있겠습니까? 설령 활주로까지 기어서 갔더라도 비행기도 없고 의사도 없을 가능성이 큽니다. 전통사회에는 부러진 다리를 정확히 이어 맞출 만한 외과 의사도 없습니다. 따라서 다리가 부러지는 사고를 이겨내고 살아남더라도 평생 절룩거리며 걸어 다녀야 할 것입니다. 서구 사람은 뉴기니 사람만큼 위험을 걱정하지 않는 게 사실입니다. 뉴기니에 비교하면, 사고가 나더라도 금세 적절한 치료를 받을 가능성이 훨씬 크니까요.

———

현대 세계의 낮은 위험 발생률과 사고를 당하더라도 금세 치료를 받을 수 있다는 기대감이 위험에 대한 현대인의 생각에도 영향을 미치는 듯합니다. 위험에 대한 우리 생각은 뒤죽박죽이고 혼란스럽습니다. 우리는 엉뚱한 위험을 지나치게 두려워하며 머릿속에서 떨쳐내지 못합니다. 달리 말하면, 결코 우리에게 일어나지 않을 법한 위험, 실제로 그 때문에 죽은 사람이 거의 없는 위험에 대해 지나치게 걱정하는 경향이 있습니다. 반대로 실제로 구체화될 가능성이 무척 높은 위험에 대해서는 별다른 관심을 기울이지 않습니다. 테러리스트의 공격과 항공기 추락으로 죽은 미국인은 거의 없지만 이에 대해서는 지나치게 두려워합니다. 반면에 사다리에서 떨어져 죽은 미국인은 숱하게 많지만 사다리에서 떨어질까 걱정하는 사람은 거의 없습니다. 우리가 이처럼 위험에 대해 잘못 생각하는 이유가 무엇일까요? 우리가 여러 위험 요인의 순위를 나름대로 평가하고, 이것을 각 위험 요인에 의해 실제로 사망한 사람의 수 혹은 그 요인에 의해 사망할 가능성이 있는 사람의 수와 비교하기 때문입니다.

이 둘을 비교할 때 우리는 조심하고 또 조심해야 합니다. 특정한 유형의 위험에 의한 실제 사망자 수가 그 위험의 강도를 나타내는 지표라도 단정적으로 말할 수는 없습니다. 예컨대 어떤 위험이 빈번하게 나타나고 치명적으로 여겨지기 때문에 우리가 그 위험을 인지하고 조심한다면, 그 위험에 의한 사망자 수는 무척 낮을 수 있습니다. 이런 경우, 그 위험이 우리 행동거지에 상당한 영향을 미쳤다고 말할 수 있습니다. 달리 말하면, 우리는 그 위험의 피해를 입지 않으려고 조심했고, 생활방식까지 바꾸면서 그 위험을 피하려고 애썼을 것입니다. 따라서 그 위험으로 인한 사망자수가 거의 없었던 것일 수 있습니다.

전통사회에서 이런 관계를 보여주는 사례는 아프리카 남부의 !쿵족(!쿵족의 언어 !쿵어로, 느낌표는 앞니 뒤에 혀를 대며 강하게 발음한다는 뜻)과 사자의 관계입니다. !쿵족이 살아가는 아프리카 사막 지역에는 사자가 많습니다. 하지만 사자는 !쿵족사회에서 주된 사망 원인이 아닙니다. 1,000명의 사망자 중에서 사자에 의한 죽음은 5명에 불과합니다. 그렇다고 !쿵족의 삶에서 사자는 그다지 위

익숙한 위험을
지나치게
두려워하는가?
별다른 관심을
기울이지 않는가?

험하지 않다고 말할 수 있을까요?

그렇지는 않습니다. 물론 사자 때문에 사망하는 !쿵족은 거의 없습니다. 그 이유는 사자가 무척 위험한 데다 자주 맞닥뜨리기 때문에 !쿵족이 사자를 조심스럽게 대하는 법을 배웠기 때문입니다. !쿵족은 사자로 인한 피해를 줄이기 위해 자신들의 행동을 크게 바꿨습니다. 첫째로 사자를 맞닥뜨리지 않으려고 밤에는 싸돌아다니지 않습니다. 낮에도 !쿵족은 혼자 다니지 않고 항상 무리지어 다닙니다. 또 끊임없이 떠들고 목청을 높여 이야기를 나눕니다. 그들의 목소리에 사자가 경계심을 갖고 아예 가까이 접근하지 못하도록 말입니다. 또 !쿵족은 사자를 비롯한 다른 포식동물들의 흔적을 끊임없이 탐색하고 다닙니다.

미국에도 이런 사례, 즉 위험을 인지하고 대책을 마련한 까닭에 그 위험으로 인한 사망이 거의 없는 경우가 있을까요? 비행 경험이 많은 노련한 조종사가 여기에 해당됩니다. 노련한 조종사들은 작은 실수가 치명적인 결과를 낳을 수 있다는 걸 잘 알고 있습니다. 따라서 노련한 조종사는 비행하기 전에 언제나 항공기 주변을 돌며 항공기를 꼼꼼하게 점검합니다. 반면에 공항에 도착해서 차를 빌리거나, 자가용을 운전할 때 자동차 주변을 돌며 조심스레 살펴보는 사람은 거의 없습니다. 그 이유가 무엇일까요? 항공기를 조종할 때보다 자동차를 운전할 때 작은 실수나 구조적 결함으로 목숨을 잃을 가능성이 훨씬 적기 때문입니다.

따라서 어떤 위험으로 인한 사망자 수가 그 위험의 강도와 빈도를 평가하는 기준이 될 수는 없습니다. 조심하지 않는 경우, 각 위험에 대한 사망자 수가 어떻게 되는지 측정해야 합니다. 하지만 그런 계산을 고려하더라도 우리가 주관적으로 평가하는 위험 순위와 실제 위험 강도 사이에는 여전히 큰 차이가 있습니다.

미국인이 생각하는 위험 순위에서 높은 자리를 차지하는 것은 테러리스트의 공격, 항공기 추락, 원자력 발전소 사고, 유전자 조작식품, DNA에 관련된 테크놀로지 등이지만, 정작 이런 요인들에 의한 사망자는 손가락으로 꼽을 수 있을 정도입니다. 반면에 자동차와 음주와 흡연, 낙상과 가전제품에 의한 사망자는 상당히 많은데도 미국인들은 이런 위험을 과소평가합니다.

우리가 과대평가하는 위험들의 공통점은 무엇이고, 우리가 과소평가하는 위험들의 공통점은 무엇일까요? 많은 연구에서 밝혀진 바에 따르면, 우리가 통제할 수 없는 위험, 선택의 여지가 없는 위험, 단번에 많은 사람을 죽이는 위험을 우리는 과대평가합니다. 또 극적인 방법으로 사람들을 죽이며 신문의 헤드라인을 장식하는 위험, DNA 조작처럼 새롭고 익숙하지 않은 위험도 과대평가됩니다. 이런 이유에서 우리는 테러리스트의 공격, 원자력 발전소 사고, 항공기 추락, 유전자 조작 테크놀로지의 위험을 과대평가하는 것입니다. 이런 위험이 우리에게 언제든 닥칠 수 있지만, 우리가 통제할 수 없기 때문입니다.

한편 우리가 통제할 수 있는 위험, 우리가 자발적으로 선택하거나 받아들이는 위험은 과소평가됩니다. 한 번에 한 사람밖에 죽이지 못하는 위험, 신문의 헤드라인에 어울리지 않는 위험도 과소평가됩니다. 한마디로 우리에게 익숙한 위험은 과소평가됩니다. 이런 이유에서 자동차와 음주와 흡연, 낙상과 가전제품의 위험을 과소평가합니다. 우리는 이런 위험 요인에 거의 신경 쓰지 않으며, 조심하면 위험을 얼마든지 줄일 수 있다고 생각합니다. 일반적으로 많은 사람이 "물론 그런 위험 때문에 사람이 죽을 수 있다는 걸 알아. 하지만 나는 조심하거든. 그래서 보통 사람들에 비하면, 나에게 그 위험 요인은 별것이 아니야!"라고 말합니다. 그래서 그런 위험 요인들을 과소평가합니다. 하지만 이런 추론은 잘못된 것입니다. 보통 사람은 보통 수준의 위험을 맞닥뜨릴 뿐입니다! 실제로 많은 사람이 "나는 조심하지만 강하기도 해. 그래서 조심하지 않고 약한 사람은 그런 위험에 죽을 수 있겠지만, 그까짓 위험이 나처럼 강하고 조심하는 사람을 죽일 수는 없어!"라고 생각합니다. 이런 식의 생각은 "우리는 직접 하면 즐거운 일을 다른 사람에게 맡기는 걸 싫어한다"라는 말로 요약될 수 있는 듯합니다.

우리가 일상의 삶에서 테러리스트의 공격이나 유전자 조작식품보다 더 크게 걱정해야 하는 진정한 위험은 샤워실에서, 젖은 도로에서, 사다리에서 혹은 계단을 내려가는 중에 미끄러져 넘어질 가능성입니다. 어떤 날, 어떤 신문이라도 좋습니다. 부고란을 읽어보십시오. 노인에게 낙상이 삶의 질을 떨어뜨리는 큰 부상이거나 사망의 가장 흔한 원인이라는 걸 확인할 수 있을 겁니다.

오늘 나는 가장 위험한 짓을 이미 저질렀습니다. 물론 그 짓은 내가 매일 하는 짓이기도 합니다. 바로 '샤워'입니다. 예, 나는 오늘도 샤워를 했습니다. 여러분은 "무슨 말을 하는 겁니까? 재레드 다이아몬드, 정말 편집증에 걸렸군요! 샤워를 하면서 넘어질 위험은 1000분의 1의 확률에 불과합니다!"라고 반박할지도 모르겠습니다. 여러분의 반박에 나는 이렇게 대답하겠습니다. 내가 샤워장에서 넘어질 확률인 1000분의 1은 이제 낮은 게 아닙니다. 나는 벌써 일흔일곱 살입니다. 77세인 미국인의 평균여명은 15년입니다. 따라서 내가 앞으로 평생 매일 샤워를 한다면, 15×365, 즉 5,475번의 샤워를 하게 될 겁니다. 결국 내가 부주의해서 샤워하다 넘어질 확률이 1000분의 1이라면, 내가 여명을 다 채우기 전에 다섯 번 정도 죽을 수 있다는 뜻입니다.

이런 이유에서 나는 건설적 편집증을 습관화하는 법을 배웠습니다. 예컨대 뉴기니 친구들이 숲에서 죽은 나무 아래에 천막을 치는 걸 거부한 것처럼, 행위 자체는 위험성이 낮더라도 평생 빈번하게 반복해야 하는 행위에 내재된 위험에 유의하는 법을 배웠습니다. 미국의 삶에 익숙한 나에게 샤워와 운전은 뉴기니의 숲에서 죽은 나무 아래에 천막을 치고 잠을 자는 것과 똑같은 정도로 위험한 짓이었습니다.

내가 뉴기니에서 배운 건설적 편집증 때문에 옴짝달싹 못 할 거라고 빈정대는 친구들이 적지 않습니다. 내 친구들은 "이봐, 재레드. 뭐가 잘못되지 않을까, 이런 생각에 사로잡히면 결국 아무것도 못 할 거야"라고 말합니다. 결코 그렇지 않습니다. 뉴기니 사람

건설적
편집증은
내재된 위험에
유의하는
것이다.

들과 마찬가지로 나도 건설적 편집증을 적절하게 활용합니다. 쓰러지는 나무가 위험하지만 뉴기니 사람들은 여전히 숲에서 밤을 보냅니다. 다만, 죽은 나무 아래에서 야영하지 않으려고 조심할 뿐입니다. 이와 마찬가지로 나도 샤워를 피하지는 않습니다. 여전히 매일 샤워를 합니다. 다만 조심해서 샤워를 합니다. 나는 테러리스트의 공격이나 유전자 조작식품, 원자력 발전소의 사고보다 샤워와 사다리와 자동차에 더 주의를 기울입니다.

건설적 편집증, 이것은 내가 뉴기니에서 연구하며 배운 가장 커다란 삶의 교훈입니다. 이 교훈이 여러분에게도 똑같이 적용될 수 있으리라 생각합니다.

COMPARING
HUMAN
SOCIETIES

JARED DIAMONDJARED DIAMOND

건강하게
삶의 질을
유지하며
오래 사는 법

6

건강하게
삶의 질을
유지하며
오래 사는 법

오늘날 미국인의 주된 사망 원인이 무엇일까요?

그 원인은 전통적인 삶을 살아가는 사람들, 또 200년 전 미국인의 주된 사망 원인과 어떻게 다를까요?

우리가 건강하게 장수하려면 그런 차이에서 무엇을 배워야 할까요?

여러분은 대체로 비전염성 질병으로 세상을 하직할 겁니다. 달리 말하면, 바이러스나 박테리아 같은 감염균에 의해 유발되지 않는 질병, 따라서 인간에게서 인간으로 전염되지 않는 질병으로 대부분이 죽음을 맞게 될 거라는 뜻입니다. 구체적으로 말하면 당뇨병, 혈압이 정상 수치보다 높고 뇌졸중을 유발하는 고혈압, 심근

경색, 동맥경화증, 암, 신장 질환, 통풍 등이 현대인을 괴롭히는 대표적인 비전염성 질병입니다. 독감과 홍역은 누군가 여러분에 옮길 수 있지만, 이런 질병은 누구도 여러분에게 옮길 수 없는 질병입니다. 이런 질병의 원인은 오로지 여러분의 유전자와 생활방식에서만 찾아질 수 있습니다. 이런 비전염성 질병들이 요즘에는 우리의 주된 사망 원인이지만 과거에는 그렇지 않았습니다. 2200년 전, 미국인의 주된 사망 원인은 천연두와 홍역, 결핵과 말라리아, 콜레라 같은 전염병이었지만, 요즘에는 이런 전염병으로 사망하는 미국인은 거의 없는 실정입니다.

하지만 다른 곳, 예컨대 부족사회에서는 오늘날에도 앞에서 언급한 비전염성 질병으로 사망하는 사람은 거의 없습니다. 이런 사실은 내가 뉴기니에 처음 들어가기 직전, 즉 50년 전 뉴기니에서 시행된 연구에서도 확인된 것입니다. 뉴기니는 오스트레일리아 북쪽, 적도 근처에 있는 커다란 섬입니다. 나는 1964년 이후로 조류를 연구하려고 이 섬을 자주 방문했습니다. 내가 처음 뉴기니 섬을 방문했던 1964년에도 뉴기니 섬의 동쪽은 오스트레일리아가 관리하는 유럽 식민지였습니다. 또 뉴기니 사람들은 여전히 고유한 마을에서 전통적인 방식으로 살며 식량도 직접 재배하고 있었습니다. 게다가 대다수의 원주민이 유럽 문명을 한 번도 접촉한 적이 없는 상태였습니다. 따라서 옷도 없고, 문자와 금속 연장도 없었습니다. 물론 의사도 없었습니다. 요컨대 전통적인 생활방식을 그대로 유지하고 있었습니다. 뉴기니 섬의 동쪽, 파푸아뉴기니의 도로에는 신호등이 하나도 없었습니다. 수도, 포트모르즈비도 다를 바가 없었습니다.

그러나 포트모르즈비에는 오스트레일리아 의사들이 운영하는 종합병원 하나가 있었습니다. 1961년, 즉 내가 뉴기니에 가기 전에, 포트모르즈비 종합병원의 의사들이 최근에 입원한 환자 2,000명의 입원 이유를 조사한 결과를 발표했습니다. 요즘 로스앤젤레스의 어떤 종합병원에서 최근에 입원한 환자 2,000명의 입원 이유를 조사한다면 대부분의 환자가 비전염성 질병 때문에 입원했을 겁니다. 하지만 1961년 뉴기니의 조사를 보면, 비전염성 질병 때문에 입원한 환자는 거의 없었습니다. 심장질환, 암과 당뇨 등 비전염성 질병을 앓는 환자는 거의 없었습니다. 단 네 사람만이 예외였고, 네 명 모두 고혈압이 문제였습니다. 하지만 그 네 명의 환자도 뉴기니 원주민이 아니었습니다. 그저 포트모르즈비에 살고 있었던 외국인이었습니다.

나는 뉴기니에 처음 들어가 연구를 시작했을 때, 뉴기니 사람들의 많은 부분에서 인상을 받았지만 특히 건강한 체형에서 깊은 인상을 받았습니다. 비만인 사람은 한 명도 보지 못했습니다. 단한 명도 없었습니다. 남자나 여자나 모두가 호리호리하면서도 근육질이었고 보디빌더처럼 보였습니다. 간소하게 먹었고, 대부분이 직접 재배한 것이었습니다. 특히 고원지대에 사는 원주민들은 90퍼센트의 칼로리를 단 하나의 식품, 고구마로 섭취했습니다. 그들에게는 당뇨병이나 심장질환이 전혀 없었습니다. 그렇다고 뉴기니 사람들이 모두 완벽하게 건강했다는 뜻은 아닙니다. 대부분의 원주민이 요즘 미국인보다 훨씬 이른 연령에 사망했습니다. 60대나 70대, 80대까지 장수한 사람은 거의 없었고 대부분이 50대에 사망했습니다. 물론 40대에 사망한 사람도 적지 않았습니다. 1961년 당시 뉴기니 사람들의 주된 사망 원인은 당뇨와 심장질환 같은 비전염성 질병이 아니라, 200년 전 미국인의 주된 사망 원인과 같았습니다. 말하자면 말라리아와 이질 같은 전염성 질병, 영양실조와 기아, 육체를 많이 사용하는 생활방식에서 비롯되는 근골격계 질환이었습니다.

이번에는 오늘날의 파푸아뉴기니로 눈을 돌려보겠습니다. 파푸아뉴기니는 약 30년 전에 독립했습니다. 이제는 교통 신호등도 있고, 항공기와 고속도로, 슈퍼마켓과 텔레비전 등 문명의 온갖 혜택이 다 있습니다. 또 많은 뉴기니인이 자기가 직접 재배한 식량을 먹지 않고, 시장에서 구입한 식품을 먹습니다. 그 때문인지 요즘에는 비만이거나 과체중인 뉴기니인이 자주 눈에 띕니다. 게다가 포트모르즈비 근처에 사는 부족은 세계에서 당뇨병의 유병률이 가장 높은 집단 중 하나입니다. 바로 와니겔라족으로, 50년 전만 해도 당뇨 환자가 한 명도 없었습니다. 그런데 지금은 부족민의 37퍼센트가 당뇨 환자입니다. 이탈리아의 유병률보다 무려

7배나 높은 수치입니다.

지난 50년 동안 뉴기니인의 생활방식과 질병 형태에서 큰 변화가 있었다는 걸 입증해주는 또 하나의 이야기를 전해드리겠습니다. 역시 내가 직접 경험한 사례입니다. 지난 15년 동안 나는 파푸아뉴기니의 유일한 유전지역에서 새를 연구해왔습니다. 과거에는 세계적인 석유회사 셰브런이 관리했지만, 이제는 뉴기니에 본사를 둔 오일 서치(Oil Search)라는 회사가 관리하고 있는 유전입니다. 이곳에서 일하는 대부분의 직원이 뉴기니 사람입니다. 그들은 회사에서 운영하는 구내식당에서 하루 세 끼의 식사를 모두 해결합니다. 그런데 그 식당이 미국 기업이나 대학의 구내식당과 다를 바가 없습니다. 식판을 집어 들고, 일렬로 진열된 음식들 앞을 지나가며 원하는 음식을 원하는 양만큼 식판에 올려놓고 식탁으로 가 앉습니다. 그런데 식탁에는 소금통과 설탕 그릇이 어김없이 놓여 있어, 원하는 만큼 음식에 소금이나 설탕을 뿌릴 수 있습니다. 이 석유회사의 뉴기니 직원들은 대부분 시골 마을에서 자랐습니다. 고향에서는 고구마를 주식으로 삼았을 테고 먹을 만한 음식이 수적으로나 양적으로나 풍부하지 않았을 겁니다. 따라서 석유회사의 구내식당은 그들에게 천국처럼 느껴질 겁니다. 따라서 그들은 항상 식판에 넘치도록 음식을 담고, 식탁에 앉아서는 스테이크와 샐러드에 설탕과 소금을 거의 쏟아 붓습니다.

그 결과로 석유회사에 근무하는 많은 뉴기니 직원들이 이제는 과체중입니다. 50년 전에는 뉴기니 전체에 과체중인 사람이 한 명도 없었는데 말입니다. 따라서 뉴기니 직원들에게서도 심장질환과 뇌졸중 같은 서구형 비전염성 질병이 나타나기 시작했습니다. 오일 서치는 현장마다 진료소를 두고 의사와 간호사를 상주시키고 있으며, 뉴기니 출신의 건강 전문가까지 고용해 직원들에게 건강한 식사법과 생활방식을 가르치고 있습니다. 그런데 최근에 유전지대를 방문했을 때 나는 진료소의 의사에게서, 건강한 생활방식에 대해 조언하려고 유전 현장에 파견된 뉴기니 출신의 건강 전문가들도 구내식당에서 식사하기 시작하면 1년이 지나지 않아 심장질환과 당뇨의 징후를 보이기 시작한다는 말을 들었습니다.

50년 전, 뉴기니 사람들은 전통적인 방식으로 살았고 그 때문에 비전염성 질병의 징후를 전혀 보이지 않았습니다. 그런데 오늘날에는 많은 뉴기니 사람이 서구식 생활방식을 받아들인 탓에 비전염성 질병을 유행병처럼 앓고 있습니다. 그렇다고 뉴기니 사람들이 지난 50년 동안 유전자적으로 크게 변한 것은 아닙니다. 결국 이런 현상도 결국 서구식 생활방식이 비전염성 질병의 원인이라는 사실을 입증해주는 증거입니다.

다른 지역에서 확인된 유사한 사례들도 서구식 생활방식과 비전염성 질병 간의 관계를 보여주는 증거라 할 수 있습니다. 특히 파푸아뉴기니처럼 비교적 최근에야 서구식 생활방식을 채택한 지역에서 그 관계가 명확히 드러납니다. 예컨대 지금은 부유한 산유국인 중동 아랍 국가들도 수세대 전에는 가난해서 검소하게 살았던 까닭에 당뇨병 환자가 거의 없었습니다. 그런데 요즘에는 중

서구식
생활방식이
가져온 변화는
엄청났다.

동 산유국 국민의 15~25퍼센트가 당뇨병 환자입니다.

서구식 생활방식과 비전염성 질병 간의 관계를 입증하는 또 다른 사례는 전통사회를 떠나 서구세계로 이주한 사람들에게서도 찾아집니다. 미국이나 유럽 등 그 밖의 서구국가로 이주한 중국인과 인도인, 일본인 등 아시아인들은 한 세대도 지나지 않아 당뇨를 비롯한 여러 비전염성 질병에 걸렸습니다.

개발도상국가의 도시들에 만연된 현상도 비전염성 질병과 서구식 생활방식 간의 상관관계를 보여주는 또 다른 사례입니다. 아프리카나 아시아에서 시골 사람들이 도시로 이주해, 가령 나이지리아의 수도 라고스로 이주해 서구식 생활방식에 길들여지면 금세 비전염성 질병에 걸립니다.

—

서구화된 국가의 원주민들도 마찬가지입니다. 원주민들이 전통적인 생활방식을 포기하고, 전국에 널리 퍼진 서구식 생활방식을 택하면, 비전염성 질병의 유병률이 세계에서 가장 높은 곳이 됩니다. 앞에서도 언급했듯이 파푸아뉴기니의 수도 근처에 거주하는 와니겔라족의 당뇨 유병률은 무려 37퍼센트에 이릅니다. 미국의 피마족과 오스트레일리아의 원주민도 공중 보건에 관련된 문헌에서 당뇨 유병률이 세계에서 가장 높은 곳으로 자주 언급됩니다.

이런 자연실험에서 보듯이, 서구식 생활방식의 채택은 어떤 이유로든 비전염성 질병의 확산으로 이어지는 듯합니다. 그러나 서구식 생활방식에 비전염성 질병과 관련된 많은 요인이 있다는 게 분명하지만, 서구식 생활방식의 어떤 면이 어떤 비전염성 질병과 관계가 있는지에 대해서는 아직 밝혀지지 않았습니다. 서구식 생활방식의 특징은 정주 생활, 적은 육체 활동, 매일 고칼로리 섭취와 과체중, 지나친 음주, 염분과 당분의 과도한 섭취입니다. 또 섬유질 함유량이 낮은 식품의 섭취와 흡연도 전통적인 생활방식과는 거리가 있습니다. 그런데 어떤 위험인자가 어떤 질병을 유발하는 것일까요?

여기에서는 위험인자와 질병의 많은 상관관계 중 두 가지, 즉 염분 섭취와 고혈압 간의 관련성과 비만과 당뇨 간의 관련성에 대해 살펴보려 합니다.

먼저 염분에 대해 살펴보겠습니다. 현대 미국인에게, 요즘 염분은 식탁의 소금통에서 쉽게 얻을 수 있는 것이며, 구하는 데 특별한 노동이나 많은 돈이 들지 않아 무한정으로 구할 수 있습니다. 하지만 인류의 역사에서는 거의 대부분의 기간에 소금을 구하기가 무척 어려웠습니다. 바닷가를 제외하면, 대부분의 자연환경에 많은 염분이 함유되어 있지 않습니다. 유럽인들이 식민지 지배자로 도래하기 전, 그러니까 전통사회를 유지하던 때 뉴기니 사람들이 염분을 어떻게 구했는지에 대해 뉴기니 친구들에게 들은 적이 있습니다. 뉴기니 사람들은 숲에서 특정한 식물종의 잎을 채취했습니다. 물론 그 식물이 다른 식물에 비해 더 많은 염분을 함유하고 있다는 걸 뉴기니 사람들이 어떻게든 알아냈겠지요. 여하튼 그들은 그 잎을 태워 재로 만들었고, 그 재를 정성껏 모았습니다. 염분이 함유되어 짭짜름한 맛이 났지만 쓴맛과 고약한 맛을 내는 물질도 들어 있었습니다. 그래서 뉴기니 사람들은 재를 물에 넣고 희석시킨 후에 가열해 수분을 증발시키는 방법으로 농축된 염분을 구했습니다. 이런 농축과 증발 과정을 두 번 반복했습니다. 이렇게 힘든 과정을 거친 후에야 그들은 한 줌의 적은 소금을 얻었지만, 쓴맛이 완전히 제거되지 않은 소금이었습니다.

요컨대 뉴기니 사람들도 염분을 간절히 원했지만 충분히 먹을 만큼 구할 수 없었던 것입니다. 지금도 전통적인 생활방식을 고수하는 뉴기니 고원지대 사람들의 일일 평균 염분 섭취량은 50밀리그램입니다. 세계 전역에서 전통적인 삶을 살아가는 사람들의 일일 평균 염분 섭취량은 50밀리그램부터, 최대 2그램까지 다양합니다. 반면에 현대 미국인의 일일 평균 염분 섭취량은 약 10그램입니다. 미국인의 한 끼 식사에 함유된 염분량을, 전통적인 뉴기니인의 월간 혹은 연간 염분 섭취량과 비교하면 놀라울 정도입니다. 예컨대 빅맥 햄버거 하나에만 1.5그램의 염분이 함유되어 있습니다. 1.5그램은 뉴기니 원주민이 한 사람이 무려 한 달 동안 섭취하는 염분량입니다. 통조림으로 만들어진 치킨 누들 스프 한 통에는 2.8그램의 염분이 함유되어 있습니다. 따라서 이 통조림 한 통을 먹으면, 뉴기니 원주민이 거의 두 달 동안 섭취하는 염분을 먹는 셈입니다. 내가 지금까지 확인한 바에 따르면, 한 끼 식사로 가장 많은 염분을 함유한 요리는 로스앤젤레스의 한 아시아 식당에서 판매하는 매콤한 국수류로, 무려 17그램의 염분이 함유된 것으로 측정되었습니다. 국수 한 그릇에 뉴기니 원주민 한 사람이 무려 1년 동안 섭취하는 염분량이 담겨 있는 셈입니다.

염분 섭취가 고혈압의 주된 위험인자라는 사실은 많은 연구에서 입증되었습니다. 또 고혈압은 자칫하면 뇌졸중으로 인해 목숨을 앗아갈 수도 있습니다. 예컨대 내가 알기에 세계에서 염분 섭취량이 가장 많은 지역은 북일본의 아키타 현(縣)입니다. 그곳 주민들의 염분 섭취량은 하루 평균 27그램입니다. 미국인의 평균 염분 섭취량보다 3배나 많은 수준입니다. 한 아키타 현민은 염분을 얼마나 사랑했던지 하루 평균 61그램이나 섭취했다는 기록도 있습니다. 슈퍼마켓에서 판매하는 700그램들이 소금 봉지 하나를 거의 12일 만에 먹어 치웠다는 뜻입니다. 이처럼 염분 섭취량이 많은 까닭에 아키타에서는 고혈압이 일반적인 현상이었고, 뇌졸중으로 인한 사망 빈도가 세계에서 가장 높았습니다. 물론 뇌졸중이 아키타 현에서는 주된 사망 원인이지만, 다른 서구화된 사회에서는 당뇨와 심장질환과 암이 뇌졸중보다 높은 사망 원인입니다.

그런데 고혈압이 염분하고만 관계가 있는 것은 아닙니다. 염분 섭취와 무관한 이유로 고혈압에 걸리는 사람도 적지 않습니다. 따라서 의사들은 염분민감성 고혈압(salt-sensitive hypertension)과 염분비민감성 고혈압을 구분합니다. 하지만 염분민감성 고혈압도 염분 섭취만이 원인은 아닙니다. 유전적 요인도 관련되어 있습니다. 똑같은 양의 염분을 섭취해도 상대적으로 고혈압에 걸릴 확률이 높은 사람이 있다는 뜻입니다. 유전학자들의 연구로, 염분 섭취가 고혈압으로 발전될 가능성을 높여주는 특정한 유전인자들이 적잖게 발견되었습니다. 이런 유전인자들이 신장에 의한 염분의 재흡수를 높여준다는 게 밝혀졌습니다.

염분이 축적되면 고혈압과 뇌졸중으로 사망할 확률이 높아지는데, 왜 우리 유전자는 신장을 통해 염분을 재흡수하도록 우리를 프로그램해놓은 것일까요? 자연선택에 의한 진화에 따르면 해로운 유전자는 없어지는 경향을 띠어야 합니다. 그렇다면 신장을 통한 염분의 재흡수에 관계하는 유전자들은 자연선택으로 사라져야 했지 않았을까요?

그 이유는 이렇게 설명됩니다. 신장을 통한 염분의 재흡수가 서구식 생활방식을 택한 요즘에는 위험하게 여겨지지만, 대다수가 전통적인 방식으로 살아가던 과거에는 오히려 인간에게 유익했을 것이기 때문입니다. 소금통에서 소금을 거의 무한정으로 얻을 수 있는 지금, 우리의 문제는 염분을 얻는 게 아니라 조금이라도 염분을 멀리하는 것입니다. 하지만 과거의 전통사회에서, 또 지금도 여전히 전통적인 생활방식을 유지한 사람들에게는 염분을 충분히 섭취하는 게 문제이지, 소금을 일부러 멀리할 필요가 없습니다. 뉴기니 고원지대 사람들이 식물의 잎에서 소금을 얻으려고 얼마나 힘든 과정을 거쳤는지 생각해보면 이 말을 이해할 수 있을 겁니다. 우리 몸은 충분한 염분을 얻거나 보유하지 못하면, 땀을 흘려 염분이 배출될 경우에 경련을 일으킬 수 있습니다. 설사와 이질로 염분을 상실하는 경우에도 마찬가지입니다. 따라서 전통적인 생활방식으로 살았던 사람들에게, 염분을 효과적으로 재흡수하는 신장은 이점이었지 약점이 아니었습니다. 따라서 신장을 통한 염분의 재흡수에 관계하는 유전자들은 자연선택에 의해 선택된 것으로 해석되어야 합니다. 소금통이 곳곳에 있어 어디서라도 소금을 구할 수 있는 요즘에야 염분을 보존하는 신장의 능력이 불리한 것으로 여겨질 뿐입니다.

그야말로 패러독스가 아닐 수 없습니다. 염분을 보존하는 신장의 능력 덕분에 인간은 살아남을 수 있었습니다. 그런데 이제는 그 능력이 우리를 죽음으로 몰아가고 있습니다. 우리 생활방식이 달라졌기 때문입니다. 특히 염분의 섭취 방법이 크게 달라졌기 때문입니다. 아프리카계 미국인의 삶에서 이런 패러독스가 극명하게 설명됩니다. 미국에서 염분민감성 고혈압이 발병할 가능성이 가장 높은 인구군이 아프리카계 미국인입니다. 미국에서 염분 섭취량이 비슷한 집단과 비교하더라도 아프리카계 미국인이 염분민감성 고혈압에 걸릴 가능성이 가장 높습니다. 아프리카계 미국인의 진화사를 추적하면, 이처럼 염분민감성 고혈압의 높은 유병률을 설명해줄 만한 요인을 찾아낼 수 있을까요?

아직까지는 그 이유를 확실하게 설명할 방법이 없습니다. 하지만 대략 다음과 같이 추정해볼 수는 있습니다. 아프리카계 미국인이란 인구군의 역사를 생각해보십시오. 그들의 기원은 아프리카입니다. 그것도 해안지역에서 멀리 떨어진 내륙, 따라서 뉴기니의 고원지대처럼 소금이 귀한 곳이었습니다. 노예들은 현지 노예 사냥꾼들에게 붙잡혀 땡볕과 싸우며 해안지역까지 끌려갔습니다. 해안에 도착한 후에도 뜨거운 판잣집 같은 곳에 갇힌 채 노예선이 도착하기를 기다려야 했습니다. 그사이에 그들은 땀을 엄청나게 흘려 염분을 상실했습니다. 따라서 적잖은 노예가 염분 부족에 따른 경련으로 죽었을 겁니다. 노예선에서도 노예들은 배 바닥 아래에 갇힌 채 신세계로 항해하는 수주일 동안 무더위와 싸우며 땀을 무진장 흘려야 했을 겁니다. 노예선의 상태는 열악하기 그지없었습니다. 신세계로 항해하는 동안 가장 흔한 사망 원인은 열악한 위생 상황에서 비롯된 이질과 전염성 질병이었습니다. 이질은 설사를 유발하기 때문에 염분의 상실로도 이어집니다. 무더운 배 바닥 아래에서 흘린 땀으로도 염분을 상실했지만 설사로도 염분을 상실했던 겁니다. 그런데 신세계에 도착한 후에도 노예들은 뜨거운 막사에 갇혀 지내야 했고, 팔린 후에는 햇볕과 싸우며 농장까지 걸어야 했고, 농장에서는 무덥고 불결한 상황에서 일해야 했습니다.

결국 노예들의 주된 사망 원인이 발한과 설사로 인한 염분 상실

인간을
살아남게 한
능력이
오히려 인간을
죽음으로
몰아가고 있다.

이었다는 뜻입니다. 염분은 보존하는 역량이 뛰어나지 못한 신장을 지닌 노예는 염분 상실로 사망할 수밖에 없었습니다. 염분 보존력이 뛰어난 신장을 지닌 노예만이 살아남았습니다. 따라서 노예무역의 역사는 염분 보존력이 남다른 신장을 지닌 사람을 선별해내는 과정이었다고 말해도 과언이 아닙니다. 염분 보존력이 뛰어난 신장은 노예들에게 극악한 환경에서 살아남기 위한 필수조건이었습니다. 하지만 오늘날 그런 노예들의 후손이 소금을 거의 무한정으로 접촉할 수 있게 되자, 과거에는 유리하게 작용하던 신장이 이제는 염분민감성 고혈압과 뇌졸중의 발병 빈도를 높이는 원인이 되고 말았습니다.

개인적인 차원에서 우리가 고혈압의 위험으로부터 벗어나려면 어떻게 해야 할까요? 간단히 대답하면, 여러분의 피에 염분을 뿌리지 마십시오! 하지만 이 방법만으로는 충분하지 않습니다. 나도 옛날에는 소금을 멀리하는 사람인 줄 알았습니다. 집사람과 나는 부엌 식탁에 소금통을 올려놓는 법이 없고, 소금을 뿌려 음식을 간한 적이 없으니까요.

하지만 그 방법만으로는 충분하지 않다는 게 밝혀졌습니다. 유럽과 미국에서는 대부분의 염분 섭취가 '아리송하게' 이루어지는 것으로 밝혀졌습니다. 달리 말하면, 우리가 흡수하는 염분의 대부분이 개인적으로 더해지는 것도 아니고, 염분이 더해지는 걸 우리가 보지도 못한다는 뜻입니다. 결국 우리가 섭취하는 염분의 대부분이 식당의 요리사에 의해서, 혹은 시장에서 판매되는 식품을 제조하거나 포장하는 사람에 의해서 첨가된다는 뜻입니다. 우리가 시장에서 구입하는 가공식품이 원래의 자연식품보다 훨씬 짜다는 사실입니다. 예컨대 훈제연어에는 신선한 연어보다 염분이 파운드당 12배나 많습니다. 놀랍겠지만, 미국인은 곡물류 식품—빵, 오븐에 구운 식품, 아침식사용 시리얼—을 통해 매일 가장 많은 염분을 섭취하고 있습니다. 대부분의 사람이 곡물류 식품에는 염분이 없을 거라고 생각했겠지만 가공 과정에서 염분이 더해지기 때문입니다. 우리가 시장에서 구입하는 육류에도 종종 소금물을 약간 더해 원래 중량의 20퍼센트가량을 늘립니다. 육류를 포장하는 장사꾼들이 이렇게 소금물을 더하는 이유는 고기 맛을 더 좋게 하는 동시에 돈도 챙기기 위한 것입니다. 실제로 소금은 유혹적일 정도로 맛이 좋습니다! 또 소금물이 주입된 고기는 실제 고기 무게가 아니라 소금물 무게만큼 더해진 상태로 판매됩니다. 그럼 고기 12파운드를 구입하는 것보다 10파운드의 고기와 2파운드의 소금물을 사면 돈이 훨씬 덜 들지 않겠습니까. 식품 제조업자들이 가공식품에 염분을 가미하는 또 다른 이유가 있습니다. 우리에게 가공식품을 판매하는 회사들이 청량음료를 판매하는 회사들이기도 하기 때문입니다. 염분이 함유된 식품은 우리에게 갈증을 유발합니다. 그럼 우리는 자연스레 더 많은 청량음료를 마시게 되겠지요.

너무 잔인하지 않습니까? 결국 여러분이 염분 섭취량을 줄이려면 식탁의 소금통을 없애는 것에 만족하지 말고, 슈퍼마켓에서 구입하는 식품의 성분표를 읽고 염분 함유량을 알아내야 한다는 뜻입니다. 장기적인 관점에서는 식품 제조업자들을 설득해 제조식품의 염분 함유량을 줄여 나가야 합니다. 하지만 식품 제조업자들이 선뜻 그렇게 하려고는 하지 않을 겁니다. 소금량을 더해서 돈을 더 많이 벌려고 할 테니까요. 그래도 몇몇 정부가 뇌졸중 환자의 건강관리를 위해 투자하는 돈과 시민들의 노동시간 단축으로 인한 금전적 피해를 고려하여, 식품 제조업자들에게 가공식품의 염분 함유량을 줄이도록 압력을 가하고 있다는 소식은 그나마 바람직한 징조입니다. 구체적인 예를 들면, 핀란드 정부는 뇌졸중으로 인한 국민의 사망을 75퍼센트가량 줄였고, 핀란드 국민의 평균수명까지 5년가량 늘렸습니다.

　서구식 생활방식과 관련해 내가 다루려는 또 하나의 질병은 당뇨입니다. 당뇨 중에서도 가장 흔한 형태이며, 생활방식과 관계가 있는 제2형 당뇨를 집중적으로 다룰 것입니다. 상대적으로 흔하지 않은 형태인 제1형 당뇨는 생활방식과 큰 관계가 없습니다. 고혈압은 염분의 대사(salt metabolism)와 관련된 질병인 반면에 당뇨는 당분의 대사와 관련된 질병입니다. 당뇨병에 걸린 경우에는 식사 후에 혈당 수치가 비정상적인 수준까지 올라갑니다. 높은 혈당 수치는 신경과 혈관에 피해를 줍니다. 또 과도한 당분은 혈액

에서 소변으로 빠져나갑니다. 제2형 당뇨병 환자의 생활방식에 나타나는 주된 위험요인은 비만이지만, 운동을 하지 않고 당분과 지방을 과도하게 섭취하면 당뇨와 관련된 다른 위험요인들이 나타날 수 있습니다. 제2형 당뇨환자라도 식습관을 개선하고 규칙적으로 운동해서 체중을 줄이면 당뇨의 징후를 극복하고 건강을 다시 회복할 수 있습니다.

생활방식과 당뇨의 관계를 입증해주는 자연실험이 적지 않습니다. 일례로 일본 학자들은 당뇨병 유병률과 주식시장(니케이 지수)의 등락이 거의 비슷한 그래프를 그린다는 걸 알아냈습니다. 믿기지 않겠지만, 그래프에서 당뇨 유병률의 등락이 주식시장의 등락과 거의 일치했습니다! 주식시장이 호황이면 사람들이 부자가 되었다는 기분에 더 많이 먹어 체중이 증가하여, 당뇨병 증상이 나타날 위험성이 더 커지기 때문입니다. 1870년부터 1871년까지 프로이센 군대가 파리를 포위하고 식량 공급을 차단함으로써 파리 시민이 굶주림에 시달렸던 사건도 생활방식과 당뇨의 관계를 입증해주는 자연실험이었습니다. 당시 프랑스 의사들은 많은 당뇨 환자에게서 당뇨 증상의 발현이 중단되는 것을 확인할 수 있었습니다. 하지만 2,000년 동안의 검소한 생활방식을 버리고 1949년과 1950년 이스라엘로 이주함으로써 중세적인 삶에서 갑자기 20세기의 세계에 맞닥뜨린 예멘계 유대인들의 경우는 정반대였습니다. 이스라엘에 도착한 직후에는 당뇨 환자가 실질적으로 한 명도 없었지만, 그 후로 20년 동안 이스라엘에서 풍요로운 삶을 누린 후에는 13퍼센트가 당뇨에 걸렸습니다.

서구식 생활방식과 당뇨의 관계를 설명해주는 또 하나의 자연 실험은 태평양의 조그만 섬, 나우루 섬에서 찾아집니다. 나우루 섬의 미크로네시아인들은 어업과 농업으로 식량을 확보해야 했기 때문에 열심히 일했지만, 가뭄으로 자주 굶주림에 시달려야 했습니다. 나우루 섬은 1888년 독일의 식민지가 되었고, 1914년에는 오스트레일리아의 식민지로 넘어갔습니다. 당시 조사에 따르면, 나우루 섬은 세계에서 인산염이 가장 많이 함유된 바위에 올려져 있었습니다. 모두가 알고 있겠지만 인산염은 비료의 기본 성분입니다. 곧 광산 회사가 인산염을 채굴하기 시작했고, 1922년부터 섬사람들에게 채굴료를 지급했습니다. 나우루 섬사람으로 당뇨에 걸린 사례는 1925년 처음 확인되었습니다. 제2차 세계대전 동안 나우루 섬을 점령한 일본군은 섬주민들을 투르크 섬으로 강제 이송하고 굶어 죽지 않을 정도만 식량을 제공하며 강제노동을 시켰습니다. 식량배급은 하루 250그램의 호박이 전부였습니다. 따라서 그곳에서 절반 정도가 굶어 죽었습니다.

전쟁이 끝난 후 나우루 섬사람들은 고향으로 돌아왔고, 광산 회사로부터 다시 채굴료를 받는 데 만족하며 농업을 거의 완전히 포기하고 슈퍼마켓에서 온갖 식품을 구입했습니다. 게다가 인산염 채굴료가 일인당 2만 달러에 이르렀던 까닭에 그들은 세계에서 가장 부유한 사람이 되었습니다. 따라서 반경이 2킬로미터에 불과한 작은 섬이었는데 걸어 다니지 않고 자동차를 운전하고 다

넘습니다. 당연한 말이겠지만, 이제 나우루공화국 국민은 태평양에서 가장 비만한 국민이 되었고, 평균 혈압도 가장 높습니다. 또한 당뇨의 유병률도 높아, 나우루 섬에서 사고사가 아닌 경우로는 당뇨가 가장 흔한 사망 원인입니다. 현재 20세 이상에서는 3분의 1, 또 70세까지 생존한 극소수의 나우루 섬주민 중에서는 70퍼센트가 당뇨 환자입니다. 그런데 최근 들어 당뇨의 유병률이 줄어들기 시작했습니다. 나우루 섬주민들의 나태한 생활방식과 비만에는 변한 것이 없는데도 말입니다. 따라서 당뇨에 유전적으로 취약한 사람들이 이미 사망하고, 그 결과로 당뇨와 관련된 유전자들이 수십 년이란 짧은 시간 내에 자연선택으로 줄어든 것이라 해석할 수밖에 없습니다. 이런 해석이 맞다면, 당뇨로 인한 사망으로 나우루 섬사람들에게서 당뇨와 관련된 유전자가 사라졌다는 사실은 내가 알기에 인간 개체군에서 가장 신속하게 진행된 자연선택의 사례인 듯합니다.

중국과 인도에서도 풍족한 삶으로 인한 음식 섭취의 증가로 당뇨 환자가 폭발적으로 증가했습니다. 수십 년 전만 해도 두 나라에서 당뇨는 무시할 만한 병이었습니다. 그런데 오늘날 중국과 인도는 세계에서 가장 많은 당뇨 환자 보유국이란 오명을 두고 서로 다투는 실정입니다. 두 나라 모두에서 당뇨 환자가 각각 5,000만 명이 넘습니다. 하지만 중국과 인도의 경우, 당뇨의 사회적 분포가 미국과 유럽과는 정반대입니다. 달리 말하면 미국과 유럽의 경우, 상대적으로 가난하고 교육 수준이 낮은 집단보다 상대적으로 부유하고 교육 수준이 높은 집단에서 당뇨의 유병률이 더 낮습니다. 유럽과 미국에서 부유하고 교육 수준이 높은 도시인은 과식의 불건전성에 대해 많은 정보와 지식을 얻는 반면, 상대적으로 가난하더라도 살찌는 음식을 구입할 정도의 경제적 여유가 있는 유럽인과 미국인은 쉽게 과체중이 되지만 건강한 식습관에 대한 정보를 충분히 얻지 못하기 때문입니다. 그렇지만 인도와 중국의 경우에는 이제 많은 사람이 경제적 여유가 있어 푸짐하게 먹지만 과식의 위험성을 배우지 못한 까닭에 걸핏하면 과식하고 당뇨에 걸립니다. 반면에 가난하고 교육을 받지 못한 농촌 사람들은 부유한 도시인과 마찬가지로 건강한 식습관에 대해 배우지 못했지만, 넉넉하게 먹을 정도로 돈이 없어 당뇨에 걸리지 않는 것입니다.

현재 부유한 유럽 국가들과 미국의 경우, 당뇨 유병률은 대략 5~9퍼센트이고, 아이슬란드의 경우에는 2퍼센트에 불과합니다. 과거에 의사들은 세계 어디에서나 이 정도의 유병률이 정상적인 조건이라 생각했습니다. 물론 당시에도 일부 비유럽권 국가들, 예컨대 나우루 섬사람들, 북아메리카의 피마족, 파푸아뉴기니의 와니겔라족의 경우에는 당뇨 유병률이 무척 높다는 걸 알고 있었습니다. 하지만 당뇨 유병률이 높은 비유럽권 국가는 예외적인 현상으로 설명되어야 하고, 당뇨 유병률이 낮은 유럽인이 정상인 것으로 여겨졌습니다. 그러나 지금까지의 분석에 따르면, 유병률이 낮은 유럽인이 예외적인 현상으로 설명되어야 하고, 언제 어디에서나 마음껏 먹을 수 있는 곳이면 당뇨 유병률도 높아야 정상이란

게 밝혀졌습니다. 요즘 비유럽권의 먹고살 만한 집단이면 어디에서나 당뇨 유병률이 15~30퍼센트 혹은 그 이상입니다. 아프리카, 아메리카 원주민, 태평양의 섬주민들, 뉴기니인, 오스트레일리아 원주민, 동아시아와 남아시아, 중동 지역을 비롯한 아랍권 등 어디에서나 마찬가지입니다. 따라서 우리가 진정으로 제기해야 할 의문은 나우루 섬사람들과 피마족과 와니겔라족의 당뇨 유병률이 유난히 높은 이유가 아니라, 유럽인의 당뇨 유병률이 특별히 낮은 이유입니다.

이 의문에 대답하려면, 당뇨가 요즘 무척 흔한 질병으로 발전한 이유부터 이해해야 합니다. 제2형 당뇨는 유전자와 관계가 있습니다. 제2형 당뇨와 밀접한 관계가 있는 유전자를 지닌 인구군이 서구식 생활방식을 택하면 당뇨 유병률이 크게 올라갑니다. 하지만 자연선택에 의한 진화는 그런 유전자를 지닌 사람들을 선별적으로 죽임으로써 유해한 유전자를 제거하는 경향을 띠며, 당뇨는 인간에 유해한 질병인 게 분명합니다. 그런데 왜 자연선택은 당뇨와 관련된 유전자를 인간 유전자 공급원(gene pool)로부터 제거하지 않았을까요?

염분 보존과 고혈압 간의 패러독스가 어떻게 해결되었는지를 기억하면, 이 패러독스도 어렵지 않게 이해됩니다. 전통적인 생활방식에서는 염분의 제거보다 염분의 보존이 더 큰 문제였습니다. 염분 보존력이 뛰어난 유전자를 지닌 사람들은 극악한 환경에서도 그럭저럭 살아남았습니다. 그런데 염분은 거의 무제한적으로 공급받을 수 있는 현대 상황에서는 염분 보존력이 이점보다 불리한 약점으로 변하고 말았습니다.

당뇨와 관련된 유전자의 진화에 대해서도 비슷한 설명이 가능한 듯합니다. 그 유전자 덕분에 우리는 인슐린 호르몬을 신속하게 배출할 수 있습니다. 그런데 인슐린은 우리가 포식할 때 섭취하는 과도한 칼로리를 지방으로 저장할 수 있게 해주는 호르몬입니다. 전통적인 생활방식에서는 간혹 배가 터지도록 먹는 순간과, 제한된 식량을 절약해 먹고 때로는 굶주림과 싸워야 하는 오랜 기간이 교대로 반복되기 마련이었습니다. 예컨대 사냥꾼들이 코끼리를 사냥한 날이나, 농부들이 돼지를 도살한 날에는 큰 잔치가 벌어졌습니다. 드물게 찾아오는 풍요로운 시기에 마음껏 섭취한 칼로리를 지방으로 저장하는 능력이 뛰어난 사람은 그 후에 닥치는 기근의 시대를 더 잘 견뎌낼 수 있었을 겁니다. 앞에서도 말했듯이, 인슐린은 섭취한 칼로리를 지방으로 저장할 수 있게 해주는 호르몬입니다. 다시 말하면, 섭취한 음식을 지방으로 전환하는 능력이 전통사회에서는 이점이었다는 뜻입니다. 그런데 서구식 생활방식이 확산됨으로써 언제나 넉넉한 음식을 맛볼 수 있는 요즘에는 그런 능력이 쓸데없이 지방을 체내에 축적하기 때문에 불리한 약점으로 변하고 말았습니다. 식사 후에 인슐린 분비량이 유럽인보다 나우루 섬사람과 피마족, 오스트레일리아 원주민과 아프리카계 미국인, 즉 당뇨병 소인을 지닌 것으로 널리 알려진 전통적인 인구군에서 더 많다는 사실이 이런 해석을 뒷받침해줍니다.

이런 해석은 또 하나의 의문을 우리에게 제기합니다. 만약 모든 비유럽인이 정상이고 유럽인이 비정상이라면, 유럽인은 매일 잔치를 벌이는 것처럼 넉넉한 삶을 살아가면서도 상대적으로 소수만이 당뇨에 걸리는데 인슐린 분비량을 낮추는 방향으로 진화한 이유가 무엇일까요? 내 생각에 그 대답은 유럽의 식량 역사와 관계가 있는 듯합니다. 역사적 기록에 따르면, 중세시대까지 유럽인들은 기근과 자주 싸워야 했습니다. 요즘 세계의 일부 지역 주민들이 기근과 싸우는 것과 다를 바가 없었을 겁니다. 중세시대 이후, 세계에서 기근의 위협에서 벗어난 최초의 인구 집단이 유럽인이었습니다. 역사 기록에서도 확인할 수 있듯이, 유럽을 비롯해 세계 곳곳을 빈번하게 휩쓸었고 때로는 지치도록 길게 이어졌던 기근이 중세시대를 넘어서며 유럽에서 점차 사라져갔습니다. 1600년대 말 영국과 네덜란드를 필두로 기근이 사라지기 시작했고, 1800년대 말에는 남쪽으로 확대되어 이탈리아와 지중해 유럽 전역에서 기근이 사라졌습니다.

유럽에서 기근의 위험이 사라진 이유는 식량 공급이 안정되었기 때문입니다. 물론 식량 공급이 안정된 덕분에 서구식 생활방식도 가능해졌고요. 우리가 풍요로운 식량이 안정되게 공급되는 삶의 방식을 '서구식 생활방식'이라 칭하는 이유는, 그런 안정된 삶이 서구세계에서 처음 시작되었기 때문입니다. 중세 이후에 유럽에서 식량이 안정적으로 공급될 수 있었던 데는 네 가지 이유가 있습니다. 첫째, 잉여식량을 기근 지역에 신속하고 효율적으로 재

분배한 국가 정부의 개입이 있었습니다. 둘째, 육로와 해로를 통해 효과적으로 식량을 운송할 수 있었고, 셋째로는 1492년 콜럼버스의 대항해 이후로 신세계에서 많은 농작물, 예컨대 멕시코 옥수수와 토마토를 가져온 항해자들 덕분에 경작을 다각화할 수 있었습니다. 넷째로 유럽은 세계의 다른 지역과 달리 관개시설에 의존하지 않고 천수(天水)에 의존할 정도로 광범위한 지역에서 흉작이 닥칠 위험이 거의 없었습니다. 식량이 유럽 전역에 안정적으로 공급되자, 인슐린의 신속한 분비와 관련된 유전자를 지닌 유럽인들이 더 이상 어떤 이점도 가질 수 없게 되었습니다. 기근과 싸울 필요가 없었으니까요. 그 이점이 지방을 축적해 당뇨에 걸리기 쉬운 약점으로 변하고 말았습니다. 그래서 17세기 이후로 유럽인들이 지금의 나우루 섬사람들만큼은 아니겠지만 당뇨를 유행병처럼 앓았을 것이고, 그 때문에 당뇨병 소인을 강하게 지닌 사람들이 선별적으로 사라졌을 거라는 게 내 추측입니다.

———

지금까지 우리는 현대인의 주된 사망 원인인 비전염성 질병 중에서 당뇨와 뇌졸중에 대해 집중적으로 살펴보았습니다. 서구식 생활방식과 관련된 그 밖의 비전염성 질병으로는 심장질환, 동맥경화증과 말초혈관질환, 통풍 등이 있습니다. 뇌졸중과 당뇨의 경우와 마찬가지로, 이런 질병들에 대해서도 서구적 생활방식의 어떤 면이 특정한 질병과 관계가 있는지 알아내야 할 겁니다.

끝으로 '비전염성 질병에 걸릴 위험을 줄이려면 어떻게 해야 하는가?'라는 실질적인 문제가 남습니다. 순진하게 생각하면 "전통적인 생활방식을 택하라!"고 대답하면 됩니다. 하지만 전통적인 생활방식에는 현재 우리가 조금도 받아들이고 싶지 않은 많은 것들이 있습니다. 가령 감염병으로 젊어서 죽고 싶습니까? 빈번한 기근과 폭력적 행위로 인한 죽음의 가능성에 맞서 싸우고 싶습니까? 이런 위험은 멀리하고, 전통적인 생활방식에서도 비감염성 질병으로부터 우리를 지켜주는 특징들—적절한 운동, 저염식, 과체중을 피하는 합리적인 식습관—만을 받아들이고 싶을 겁니다.

몇몇 친구들은 내게 이렇게 말합니다. "끔찍하군! 난 크래커만 씹고 물만 마시며 살고 싶지는 않아! 맛없는 크래커와 맹물에만 의존해서 아흔다섯까지 재미없게 사느니 맛있는 치즈와 포도주를 즐기면서 일흔다섯에 죽겠어!"

그렇다고 맛있는 치즈와 포도주, 크래커와 맹물, 둘 중 하나를 선택하라는 것은 아닙니다. 이탈리아인들은 맛있는 음식을 먹으면서도 건강한 삶을 누릴 수 있다는 걸 보여주는 살아 있는 증거입니다. 올리브유와 생선과 채소가 주원료인 이탈리아의 전통적인 식단은 인류의 전통적인 식단과 무척 유사합니다. 이탈리아인들은 세계에서 가장 맛있는 요리를 즐기는 사람들입니다. 그들은 크래커와 맹물만 찔끔찔끔 먹지는 않습니다. 그렇다고 미국인들처럼 말도 없이 게걸스레 먹어대지도 않습니다. 그들은 대화를 나

건강하게
삶의 질을
유지하며
오래 산다는 것…

누며 오랜 시간 동안 식사를 합니다. 역설적으로 들리겠지만, 그런 이유에서 미국인들보다 더 적은 양을 먹습니다. 이탈리아의 당뇨 유병률은 대부분의 유럽 국가보다 낮습니다. 안타깝게도 요즘에는 이탈리아인들도 점점 과식하는지 과체중자가 증가하는 추세입니다! 그래도 아직까지 이탈리아인들은 삶을 마음껏 즐기면서도 건강한 삶을 누릴 수 있다는 걸 보여줍니다.

COMPARING
HUMAN
SOCIETIES

JARED DIAMONDJARED DIAMOND

세계가
직면한
중대한 문제들

7

나는 여기에서 단순하지만 구체적인 문제를 생각해보려 합니다. 우리 세계가 가까운 미래에 직면하게 될 중요한 문제가 무엇일까요?

이제부터 나는 우리 세계가 직면하게 될 주된 문제를 요약해보려 합니다. 주로 세 가지 유형의 문제가 다루어질 겁니다. 물론 여기에서 언급되는 세 가지 유형의 문제 이외에도 오늘날 우리 세계에 닥친 다른 문제들도 많습니다. 하지만 이 세 유형의 문제가 중요하다는 데는 모두가 동의하리라 생각합니다.

첫 번째 유형의 문제는 당연히 지구의 기후변화(global climate change)입니다. 이제는 기후변화라는 말을 들어보지 않은 사람이 거의 없을 겁니다. 또 많은 사람이 기후변화가 무엇인지 알고 있다고 생각합니다. 하지만 기후변화는 무척 중요한 개념이지만 복잡해서, 대다수가 헛갈리고 잘못 생각하고 있는 개념입니다. 기후변화는 하나의 문제가 아니라 여러 관련된 문제가 복합된 현상입니다. 기후변화는 물리적인 원인, 생물학적인 원인, 사회적인 원인이 복합된 문제여서, 사회적으로 큰 파장을 끼치기 마련입니다. 따라서 기후변화는 앞으로 10년 내에 우리 모두의 삶에 가장 큰 영향을 미칠 힘이기도 합니다. 기후변화에는 복잡한 인과관계가 얽혀 있습니다. 따라서 여러분이 그 인과관계를 이해하는 데 약간이라도 도움을 주려는 생각에, 기후변화가 무엇인지 간략하게 소개하려 합니다.

출발점은 세계 인구와 일인당 평균 인간영향(human impact)입니다. 일인당 평균 인간영향은 한 사람이 소비하는 평균 자원량과 생산하는 평균 폐기물량을 뜻합니다. 현재 자원소비량과 폐기물 생산량이 꾸준히 증가하고 있는 추세입니다.

인간 활동은 주로 화석연료를 태우기 때문에 이산화탄소를 발생시키고, 그 이산화탄소는 대기로 배출됩니다. 이산화탄소 다음으로 큰 몫을 차지하는 온실가스는 메탄입니다. 현재 메탄은 이산화탄소보다는 훨씬 적지만, 잠재적인 순환고리를 고려하면 조만간 상당한 몫을 차지하리라 예측됩니다. 현재 예측되는 순환고리에 따르면 지구온난화로 영구동토층이 녹으면 메탄이 배출되고, 그 메탄이 다시 지구온난화를 부추기면, 그로 인해 더 많은 메탄

일인당 평균 인간영향

$=$

일인당 평균
소비 자원량

$+$

일인당 평균
생산 폐기물량

이 배출될 것이기 때문입니다.

　이산화탄소 배출의 일차효과로 가장 많이 논의되는 악영향은 대기에서 온실가스로 활동한다는 것입니다. 달리 말하면, 이산화탄소에 의해 지구의 적외복사가 대기에 흡수되고, 그로 인해 대기의 온도가 상승한다는 뜻입니다. 하지만 이산화탄소에는 온실효과 이외에 두 가지 주된 영향이 있습니다. 하나는 인간 활동으로 발생한 이산화탄소가 대기만이 아니라 대양에도 축적된다는 것입니다. 그로 인해 생성된 탄산에 의해, 그렇잖아도 1,500만 년 전 이후의 어느 시대보다 높은 대양의 산성도가 더 상승합니다. 이 때문에 산호의 껍질이 녹고 산호초가 죽습니다. 그런데 산호초는 바닷물고기의 주된 요람 역할을 하는 동시에 열대와 아열대 지역의 해안을 파도와 쓰나미로부터 보호하는 역할도 합니다. 현재 세계 전역에서 산호초가 매년 1~2퍼센트가량 줄어들고 있습니다. 달리 말하면, 이번 세기 내에 산호초가 완전히 사라질 수 있다는 뜻이며, 그렇게 되면 해양생물도 크게 줄어들 것이고 열대지역의 해안도 안전하지 않을 것입니다.

　이산화탄소의 배출이 지구에 미치는 또 하나의 주된 영향은, 이산화탄소가 식물의 생장에 직접적으로 영향을 미친다는 것입니다. 물론 그 영향은 긍정적인 경우도 있고 부정적인 경우도 있습니다.

　하지만 이산화탄소 배출이 지구에 미치는 영향으로 가장 많이 논의되는 부분은 대기 온도 상승입니다. 흔히 '지구온난화'(global warming)라 일컬어지는 현상입니다. 그러나 이산화탄소가 대기에 미치는 영향은 무척 복잡해서 '지구온난화'는 부적절한 명칭이라 여겨집니다. 첫째, 인과관계에 따르면 대기가 뜨거워지면 전 지역이 더워져야 하지만 모순되게도 일부 지역은 더 차가워집니다. 둘째, 전반적인 온난화 추세도 인간사회에 많은 영향을 미치지만, 변덕스런 기후변화의 증가도 이에 못지않게 중요합니다. 예컨대 폭풍과 홍수의 빈도가 증가하고 있으며, 최고 온도만이 아니라 최저 온도까지 계속 경신되고 있는 실정입니다. 따라서 이집트에 눈이 내리고 미국에 한파가 밀려오는 이상기후 현상이 벌어지고 있습니다. 이 때문에 기후변화의 뜻을 제대로 이해하지 못한 일부 정치인들은 이런 이상기후가 기후변화론이 틀렸다는 걸 입증한다고 생각합니다. 셋째로는 대양이 이산화탄소를 축적한 후에 서서히 배출할 때까지의 커다란 시차(時差, timelag)입니다. 따라서 온 인류가 지상에서 오늘 밤 죽거나 화석연료의 연소를 완전히 중단하더라도 대기는 그 이후로도 수십 년 동안 계속 뜨거워질 것입니다. 끝으로, 현재의 보수적인 예측보다 지구가 훨씬 빠른 속도로 뜨거워질 가능성이 무척 높다는 것입니다. 영구동토층이 녹거나, 남극과 그린란드를 뒤덮은 빙상(氷上)이 붕괴된다면 지구는 훨씬 빠른 속도로 뜨거워질 것입니다.

전반적인 온난화 추세가 세계에 미치는 영향으로도 나는 네 가지를 언급해보려 합니다. 온난화의 영향으로 세상 사람들에게 가장 분명하게 드러나는 현상은 가뭄입니다. 예컨대 올해는 내가 사는 도시, 로스앤젤레스의 역사상 가장 가문 해입니다. 1800년대에 기상을 기록하기 시작한 이후로 가장 가문 해라고 합니다. 가뭄은 농업에 치명적입니다. 세계적인 기후변화에 의한 가뭄은 세계 곳곳에서 똑같은 정도로 나타나는 게 아닙니다. 최악의 피해를 입은 지역은 북아메리카, 지중해와 중동지역, 아프리카, 오스트레일리아의 곡창지대인 남부지역, 히말라야 산맥지역입니다. 히말라야에 겹겹이 쌓인 눈은 중국과 베트남, 인도와 파키스탄과 방글라데시에 물을 공급하는 큰 수원(水源)입니다. 하지만 이 나라들은 갈등을 평화적으로 해결하지 못한 쓰라린 역사를 지닌 국가들입니다.

전반적인 온난화 추세가 세계에 미치는 두 번째 영향은 식량 생산의 감소입니다. 앞에서 언급한 가뭄 때문에도 식량 생산량이 줄어들지만, 지표 온도의 상승도 식량 생산의 감소에 큰 역할을 합니다. 세계 인구와 생활 수준이 향후 수십 년 동안 50퍼센트가량 증가할 것이라 추정되기 때문에 식량 생산의 감소가 문제인 것입니다. 지금도 수십억 명이 배불리 먹지 못하는 식량 문제가 있는데 식량 생산까지 감소하면 엎친 데 덮친 격이 아닐 수 없습니다.

전반적인 온난화 추세가 세계에 미치는 세 번째 영향은, 열대성 질병을 옮기는 벌레가 온대지역까지 이동한 것입니다. 이런 결과로 전형적인 열대성 질병이던 치쿤구니아열(熱)이 최근에 이탈리아와 프랑스에서 발견되었습니다. 또 미국에 뎅기열이나 진드기가 매개인 질병들이 확산되는 현상이나, 말라리아와 바이러스성

뇌염이 확산되는 것도 그 영향입니다.

전반적인 온난화 추세가 세계에 미치는 네 번째 영향은 해수면의 상승입니다. 보수적으로 예상하면, 이번 세기에 해수면이 1미터가량 상승할 것으로 추정됩니다. 하지만 과거에 비교하면 해수면이 벌써 23미터나 상승했습니다. 남극과 그린란드를 뒤덮은 빙상의 붕괴 여부가 가장 불확실합니다. 하지만 평균 1미터만 상승하더라도 폭풍과 조수의 영향이 더해지면 세계 전역의 많은 인구 밀집 지역이 위협받을 것입니다. 미국 동부의 해안지역과 방글라데시의 저지대가 대표적인 예입니다.

내가 기후변화에 대해 언급하면, 많은 사람이 "기후변화가 인간사회에 미치는 긍정적인 영향은 없을까요?"라고 묻습니다. 예, 긍정적인 면도 있습니다. 가령 북극해가 녹으면 얼음이 사라져 선박으로 북단을 통과하는 항해가 가능해질 겁니다. 또 시베리아와 캐나다를 비롯한 일부 지역에서 밀 생산량이 증가할 겁니다. 하지만 기후변화가 인간사회에 미치는 영향은 대체로 부정적이고 파괴적입니다.

그런데 이런 문제들을 과학기술적으로 해결할 방법은 없을까요? 혹시 지구공학(geoengineering)이란 말을 들어보셨는지 모르겠습니다. 입자를 대기에 주입하거나, 이산화탄소를 대기로부터 추출해서 대기 온도를 낮추는 공학기술을 뜻합니다. 하지만 아직까지 지구공학적 방법이 시도된 적도 없으며, 따라서 효과가 있다고 알려진 방법도 없습니다. 지구공학적 접근은 엄청난 비용이 예상되는 데다 효과를 거두려면 상당한 시간이 걸립니다. 게다가 예측하지 못한 뜻밖의 부작용이 나타날 수도 있습니다. 따라서 지구공학적 방법을 실험하면, 10번쯤 지구에 큰 피해를 입힌 후 11번째 시도에서야 원하는 긍정적인 효과를 기대할 수 있을지도 모릅니다. 이런 이유에서 대부분의 과학자는 지구공학적 실험이 무척 위험하므로 금지되어야 마땅하다고 생각합니다.

그럼 인류문명의 미래는 희망이 없다는 뜻일까요? 우리 후손은 결국 살기에 부적합한 세상을 직면하게 될까요? 아닙니다, 그렇지는 않습니다. 기후변화는 인간 활동에서 비롯되는 것입니다. 따라서 인간 활동을 줄이면 기후변화를 줄일 수 있습니다. 인간 활동을 줄이자는 것은 화석연료를 덜 태우고, 핵에너지와 재생 가능한 에너지로부터 더 많은 에너지를 얻자는 뜻입니다. 미국과 중국이 이산화탄소 배출에 관한 쌍무협정을 맺어도 현재 배출량의 41퍼센트를 줄일 수 있습니다. 유럽연합과 인도와 일본이 다자간협정을 맺으면 현재 배출량의 60퍼센트를 줄일 수 있습니다. 결국 주된 장애물은 정치적 의지가 부족하다는 것입니다.

세계적인 기후변화에 관련하여 우리는 구체적으로 어떤 문제에 초점을 맞추어야 할까요? 우리가 할 수 있는 일은 상당히 많습니다. 예를 들면 다음과 같습니다.

- 이산화탄소 배출량과 관련하여 어떻게 다자간협정, 혹은 세계적인 협정을 맺을 것인가?

- 이산화탄소 배출량을 줄이는 방향으로 국가와 개인을 유도
  하려는 다양한 법과 규제(예: 탄소세)의 장점과 단점
- 세계 곳곳에서 예측되는 농업 생산량의 변화
- 세계 곳곳에서 예측되는 질병 유형의 변화
- 현재 70억 인구도 먹고살기 힘든데 금세기 말에 예측되는
  90억 인구를 어떻게 먹여 살릴 것인가?
- 덜 소비하고 아기를 더 적게 낳도록 유도하는 방법
- 앞으로 더욱 빈번해질 기후변화와 해수면 상승을 어떻게 해
  결할 것인가?
- 에너지를 덜 소비하는 동시에 에너지원을 화석연료에서 재
  생 가능한 에너지와 핵에너지로 교체하면서도 생활 수준을
  그대로 유지하는 방법

결국 세계가 직면한 세 가지 중대한 문제 중 첫 번째는 기후변
화로, 기후변화와 관련된 문제는 이와 같이 정리할 수 있을 겁
니다.

내 생각에 세상이 직면한 두 번째 문제는 불평등입니다. 불평등
은 한 국가 내에만 존재하는 게 아니라 국가 간에도 존재합니다.
국가 간의 불평등부터 살펴볼까요. 부와 생활 수준에서 국가 간

부의 불평등이
결국 초래할
문제는
무엇일까?

에는 큰 차이가 있습니다. 국부(國富)는 구매력을 기준으로 한 일인당 평균소득으로 측정할 수도 있고, 일인당 국민총생산으로 측정할 수도 있습니다. 어떤 방법으로 측정하든 세계에서 가장 부유한 국가인 노르웨이는 세계에서 가장 가난한 국가인 니제르공화국, 브룬디, 말라위보다 400배나 부유합니다. 한국도 노르웨이에 비하면 부유하지 않지만 세계 기준에 따르면 부유한 편입니다. 한국은 앞에서 언급한 가장 가난한 국가들보다 100배쯤 부유합니다.

국부의 이런 차이에서 비롯되는 결과가 무엇일까요? 많은 국가에서 대부분의 국민이 미국인에게는 당연하게 여겨지는 것을 향유하거나 누릴 수 없습니다. 당연하게 여겨지는 것이라 해서 대단한 것이 아니라 넉넉한 식량, 깨끗한 물, 아동 교육, 직업 훈련, 공중 보건입니다. 당연한 말이겠지만, 많은 국가에서 대부분의 국민은 미국인이 사치품이라 생각하는 것이지만 반드시 옆에 있어야 하는 것, 즉 텔레비전과 영화를 즐길 여력도 없습니다.

과거에 부유한 국가의 사람들은 "가난한 국가의 사람들은 정말 불쌍해. 하지만 그들이 가난한 데는 그들의 잘못도 있어. 게으르잖아. 게으르지 않더라도 유럽인만큼 근면하지도 않고 직업의식도 없어. 여하튼 그들의 잘못이든 아니든 간에 그들의 가난은 그들의 문제일 뿐이야. 우리 문제가 아니라고! 그들의 가난이 우리에게 피해를 주는 것도 아니야"라고 생각했고, 때로는 공개적으로 발언하기도 했습니다.

하지만 지금처럼 세계화된 세계에서는 가난한 국가의 가난이 더는 그들만의 문제가 아닙니다. 우리 문제이기도 합니다. 그들의 가난이 우리에게 피해를 줍니다. 이제는 아프가니스탄과 소말리아처럼 멀리 떨어진 가난한 나라의 국민들도 자신들에게 없는 것이 무엇인지 알아낼 수 있는 방법이 많습니다. 그들에게도 휴대폰이 있습니다. 휴대폰 이외에도 정보를 얻을 수 있는 수단이 많습니다. 유럽인과 미국인이 그들보다 훨씬 풍요롭게 살고, 훨씬 많은 기회를 누리고 있다는 걸 알고 있습니다. 그런 정보를 통해 가난한 국가의 사람들은 절망하면서도 분노하고 질투합니다.

세계화된 세계에서 질투하고 분노하며 절망하는 사람이 있으면, 그들은 의식적으로든 무의식으로든 자신들의 질투와 분노와 절망감을 우리와 공유하려 할 것이며, 그렇게 할 수 있는 방법은 많습니다. 예컨대 그들은 의도치 않게 병에 걸립니다. 그런데 세계화된 까닭에 부유한 나라의 시민이 가난한 나라를 여행하거나 방문하다가 병에 걸릴 수 있습니다. 이처럼 가난한 나라의 시민들이나 걸리던 질병이 부유한 국가로 넘어가면 급속히 확산됩니다. 이런 사례로 가장 널리 알려지고 가장 파괴력이 큰 사례가 에이즈입니다. 가난한 국가에서 부유한 국가로 전파된 질병으로는 에이즈 이외에 돼지 독감, 마르부르그 바이러스, 에볼라 바이러스, 치쿤구니아열, 뎅기열, 콜레라, 말라리아 등이 있습니다.

가난한 국가의 분노한 시민들이 우리를 일부러 병들게 한 것은 아닙니다. 그들의 병이 우리에게 전염된 이유는 그들이 공중 보건의 혜택을 누리지 못한 탓에 비롯된 뜻하지 않은 결과입니다. 한편 우리를 해칠 의도까지는 아니어도 가난한 국가의 시민들이 의도적으로 행하는 행위가 있기는 합니다. 그들의 가난한 조국을 버리고 부유한 국가로 이주하려는 시도입니다. 많은 가난한 국가의 정부가 자국민의 삶을 개선하려고 노력하고 있지만, 그런 노력이 결실을 맺으려면 오랜 시간이 걸린다는 것을 그들은 알고 있습니다. 게다가 그런 노력이 반드시 결실을 맺는다는 보장도 없습니다. 가난한 사람들은 그런 때가 오기를 넋 놓고 기다리려 하지 않습니다. 그들 자신과 자식들이 안정되고 건강한 삶을 누릴 수 있기를 바랍니다. 따라서 이민의 물결이 끊이지 않습니다. 미국에 들어오는 이민자는 주로 중남미 국가, 소말리아, 아시아 국가 출신입니다. 반면에 서유럽의 경우에는 아프리카, 동유럽 국가, 중동 국가에서 주로 이민자가 몰려옵니다.

이민은 가난한 국가의 시민들이 의식적이고 의도적으로 행하는 행위입니다. 이런 점에서, 병에 걸리는 것과 다릅니다. 그렇다고 그들이 우리를 해칠 의도로 이민을 시도하는 것은 아닙니다. 더 나은 삶을 향한 자구책일 뿐입니다. 불법 이민자는 부유한 국가에 어느 정도 이득을 주지만, 문젯거리도 안겨줍니다. 따라서 불법 이민은 미국과 서유럽, 오스트레일리아 등 부유한 국가들에서 뜨거운 논쟁거리가 되었습니다.

게다가 질투하고 분노하며 절망에 빠진 사람들이 우리를 해칠 목적에서 의도적으로 행하는 행위도 있습니다. 자발적으로 테러리스트가 되거나, 테러리스트가 되려는 사람을 지원하는 것입니다. 테러리스트들은 항공기로 건물을 들이받거나, 철도역에서 폭탄을 터뜨려서, 혹은 마라톤 결승선에 폭탄을 설치해두고 우리를 해치려 합니다. 여행객과 관광객을 납치해 죽이기도 합니다. 선박을 납치하기도 하고요.

이 모든 것, 즉 질병과 이민과 테러는 국가 간의 불평등에서 비롯되는 직접적인 결과입니다. 질병은 끊임없이 확산되고 이민은 근본적으로 막는 게 불가능합니다. 테러도 중단시키는 게 어렵고 비용도 많이 듭니다. 국가 간의 빈부 차이가 줄어들지 않는 한, 가난한 국가의 시민들은 계속 병에 걸릴 것이고, 부유한 국가로 이민할 방법을 끊임없이 모색할 것이며, 직접 테러리스트가 되거나 테러리스트가 되려는 사람을 지원할 것입니다.

국가 간에만 불평등이 존재하는 게 아니라, 한 국가 내에서도 불평등이 존재합니다. 이런 불평등은 미국에서 여간 큰 문제가 아닙니다. 국부에서 상위 1퍼센트가 소유하는 몫이 점점 증가하는 추세입니다. 유럽의 경우에는 이런 빈부의 차이가 미국보다는 덜 심각하지만, 유럽에서도 적잖은 문젯거리입니다. 부유한 국가의 시민들이 질투하고 분노하며 절망하면, 폭동 이외에 달리 해결한 방법이 없다고 생각하기 십상입니다.

내가 로스앤젤레스에 정착한 지 어느덧 48년이 흘렀습니다. 그 기간 동안, 로스앤젤레스에서도 가난한 지역에 사는 사람들이 두 번 폭동을 일으켰습니다. 여러분도 두 폭동에 붙여진 이름을 들어보았을 겁니다. 하나는 1965년 8월 11일부터 8월 17일까지 로스앤젤레스 와츠 구역에서 일어난 와츠 폭동(Watts riots)이고, 다른 하나는 1992년 4월 29일부터 5월 4일까지 있었던 로드니 킹 폭동(Rodney King riots)입니다. 와츠 폭동은 로스앤젤레스에서도 가장 가난한 구역을 거의 넘어서지 않았습니다. 가난한 사람들이 가난한 사람들을 해치고 죽였으며, 가난한 사람들이 운영하던 상점을 약탈하고 불태웠습니다. 하지만 로드니 킹 폭동이 일어났을 때, 로스앤젤레스의 부유한 동네, 예컨대 비벌리힐스처럼 부유한 지역의 주민들은 가난한 폭도들이 가난한 구역에 머물지 않고 부유한 지역까지 넘어와 약탈하고 살인을 저지르지 않을까 두려워했습니다. 엄청난 수의 폭도가 몰려오면, 비벌리힐스의 경찰들이 비벌리힐스 주민들을 보호하기 위해 무엇을 할 수 있겠습니까?

실제로 그런 일이 벌어졌을 때 비벌리힐스의 경찰이 할 수 있는 일은 많지 않았습니다. 경찰들은 비벌리힐스의 간선도로를 가로질러 노란 테이프를 설치해두고, 폭도들에게 그 선을 넘어오지 말라고 경고하는 게 전부였습니다. 폭도들이 정말 비벌리힐스를 침범하기로 마음먹었더라면 그 노란 테이프는 무용지물이었을 겁니다.

로드니 킹 폭동에서도 분노한 폭도들이 부유한 동네에 들어가 화풀이하려는 시도가 없었습니다. 그렇게 끝난 것만으로도 천만다행이었습니다. 하지만 미국 내에서 빈부 차이가 앞으로도 계속 증가하면 폭동이 더 자주 일어날 게 분명합니다. 로스앤젤레스만

이 아니라 다른 도시에서도 폭동이 일어날 가능성이 큽니다. 그런 불상사가 벌어지면, 그때에는 십중팔구 폭도들이 노란 경계선을 넘어 부유한 미국인에게 화풀이할 것입니다.

세계가 직면한 두 번째로 중대한 문제로, 지금까지 우리는 국가 간의 불평등과 한 국가 내의 불평등에 대해 살펴보았습니다. 이런 불평등을 줄이지 못한다면 평화롭고 번창하는 미국은 고사하고 평화롭고 번영하는 세계를 지금으로부터 30년 동안 기대하기 어려울 것입니다. 이 때문에 해외 원조의 목적이나, 불평등을 줄이기 위한 프로그램의 목적이 바뀌었습니다. 과거에 해외 원조와 자선 프로그램은 부유한 국가와 부유한 집단이 베푸는 고결하고 이타적인 관용으로 여겨졌지만, 요즘에는 더 이상 너그러운 관용의 행위가 아닙니다. 오히려 부유한 집단과 부유한 국가가 계속 풍요를 유지하며 편안히 살고 싶은 욕심에 행하는 이기적인 행위로 여겨집니다.

이런 불평등 문제를 줄이기 위해 우리가 무엇을 할 수 있을까요?

간단히 대답해보겠습니다. 가난한 국가를 상대로 한 부유한 국가의 해외 원조 프로그램을 늘리고 개선해야 하며, 국내적 차원에서는 사회개혁 프로그램을 개선해야 합니다. 이런 프로그램들은 좋은 의도에서 시행되지만 그 결과들은 실망스러운 때가 많습니다. 돈이 헛되이 낭비된 듯 가난과 불평등은 조금도 해소되지 않은 채 지속됩니다. 하지만 이스라엘과 한국을 원조한 경우처럼 해외 원조가 성공한 경우도 있었습니다. 또 미국을 비롯한 몇몇 부유한 국가에서는 사회개혁 프로그램이 성공한 적도 있었습니다. 그러나 똑같이 좋은 의도로 시행하지만, 어떤 해외 원조와 사회개혁 프로그램은 성공하는 반면에 어떤 프로그램은 성공하지 못하는 이유를 아직까지 우리는 제대로 파악하지 못하고 있습니다.

공중 보건 프로그램도 더 많은 투자와 연구가 필요한 분야입니다. 공중 보건은 적은 돈을 투자하고도 큰 효과를 기대할 수 있는 분야입니다. 하지만 공중 보건 프로그램에 투자할 수 있는 돈은 제한적입니다. 그 한정된 돈을 가장 효과적으로 사용하는 방법이 무엇일까요? 예컨대 말라리아는 가난한 열대국가에서 가장 중대한 전염병 중 하나입니다. 게이츠 재단(Gates Foundation)을 비롯해 여러 재단과 정부가 아프리카에서 말라리아 퇴치 프로그램을 시행하고 있습니다. 파푸아뉴기니에서는 유전을 운영하는 석유회사들이 말라리아 퇴치 프로그램을 주도하고 있습니다. 그러나 말라리아 퇴치에 어떤 식으로 돈을 써야 최적의 결과를 얻을 수 있는지에 대해서는 여전히 불확실합니다. 사람들이 잠을 자는 침대를 감싸는 모기장을 구입하는 데 말라리아 퇴치 기금을 사용하는 게 가장 효과적일까요? 훈련시키는 돈이 많이 드는 의사보다 적은 비용으로 보건 전문가를 양성해 항말라리아 약을 관리하는 방법은 어떨까요? 살충제를 집집마다 살포하는 방법을 써야 할까요? 여하튼 공중 보건에 관련해 현명한 결정을 내리려면 먼저 공중 보건 경제학을 더욱더 깊이 이해해야 합니다.

우리가 더 나은 해결책을 생각해내야 하는 또 하나의 중요한 쟁점은 이민 문제입니다. 요즘 미국과 오스트레일리아 및 유럽 국가들은 육지로 국경을 넘거나, 작은 배에 몸을 싣고 바다를 건너오는 불법 이민자들을 어떻게 처리해야 하느냐는 중대한 문제에 봉착해 있습니다. 난민들이 우리 해안에 도착해 망명을 요구하기 전에 보트를 나포해야 할까요? 오스트레일리아가 그랬던 것처럼, 보트 피플(boat people)이라 일컬어지는 선상 난민들을 답답한 수용소에 가둬두는 정책을 채택해야 할까요? 지금은 아프가니스탄에 있지만 언제라도 이민을 꿈꾸는 사람이 오스트레일리아 수용소의 답답한 상황에 대한 소문을 듣고 이민의 시도를 단념할까요? 요즘 캘리포니아에서는 불법 이민자들을 교육시키고 운전면허증까지 얻게 해서 캘리포니아 사회의 일원으로 받아들일 것인가, 아니면 불법 이민자들에게는 운전면허증 취득 등 어떤 것도 허락하지 않고 심지어 그들의 자식도 교육시키지 않을 것인가라는 문제를 두고 격렬한 토론을 벌이고 있습니다. 결론적으로, 불법 이민자들이 미국이나 유럽에 성공적으로 발을 들여놓으면 그 후에 그들을 어떻게 해야 할까요?

내가 마지막으로 다루려는 세계가 직면한 문제는 '인간에게 중요한 위치를 차지하는 환경자원의 관리'라는 문제입니다.

인간에게 중요한 위치를 차지하는 환경자원의 하나는 어류입니다. 유럽인과 미국인, 일본인과 중국인 등 많은 사람이 어류를 좋아하고 많이 먹습니다. 일부는 양식장에서 키워지기도 합니다. 양식된 물고기를 원하는 사람은 양식장 주인에게 물고기 값을 지불하면 되지만, 드넓은 바다에서 돌아다니는 야생 어류는 누구의 소유도 아닙니다. 야생 어류는 자연의 생산물입니다. 어부들은 바다에서 물고기를 잡지만, 자연에 물고기 값을 지불하지 않습니다. 야생 어류는 누구나 공짜로 자유롭게 잡을 수 있습니다.

게다가 야생에서는 다 자란 성어(成魚)가 어린 물고기를 낳습니다. 달리 말하면, 생산합니다. 이처럼 야생 어류가 잡히는 속도보다 재생산되는 속도가 더 빠르면 어업은 영원히 유지될 수 있을 겁니다. 다시 말하면, 지속가능한 어업이 될 수 있을 겁니다.

그런데 우주의 외계인이 유럽을 방문했다고 해봅시다. 외계의 방문객은 오랜 시간이 걸리지 않아, 유럽인들이 어류를 좋아한다는 걸 알아낼 겁니다. 또 유럽인들이 유럽의 공동이익을 추구하려고 유럽연합이란 조직을 결성했다는 것도 알아낼 겁니다. 그런데 그 외계인이 우주에서의 삶을 통해 자연자원의 지속가능한 관리라는 원칙을 잘 알고 있다면 십중팔구 이렇게 생각했을 겁니다. "유럽의 어업 정책은 어업을 지속가능하게 관리하는 것이어야 해. 그래야 유럽인들이 앞으로도 물고기를 충분히 먹을 수 있을 것이고, 물고기 값도 올라가지 않을 거야."

그러나 유럽에서 물고기 값은 지난 수십 년 전부터 크게 상승해왔습니다. 야생 어류가 사라질 정도로 남획을 거듭했기 때문입니다. 예컨대 과거에 대구는 무척 흔하고 값싼 물고기였습니다. 하지만 대구 어장이 붕괴된 이후로 대구는 더 이상 값싼 물고기가 아닙니다. 왜 이런 일이 벌어졌을까요? 유럽의 어장을 지속가능하게 관리하는 건 유럽연합의 정책이 아니었기 때문입니다. 오히려 유럽연합은 유럽의 많은 어선에 막대한 보조금을 지원했습니다. 따라서 어선들은 닥치는 대로 물고기를 잡았고, 그로 인해 전체적인 개체수가 줄어들자 물고기 값이 앙등했습니다. 결국 유럽연합의 정책이 유럽연합의 시민들에게 몹쓸 짓을 한 셈입니다. 그런데 왜 유럽연합은 어장 관리에서 이처럼 자기 파괴적인 정책을 채택했을까요?

유럽의 자기 파괴적인 어류 관리에 대해 이야기할 때 지중해 참다랑어를 빼놓을 수 없습니다. 유럽인들은 참다랑어를 무척 좋아합니다. 일본인들은 참다랑어를 초밥으로 먹는 걸 좋아합니다. 지중해 참다랑어는 세계에서 가장 값나가는 물고기입니다. 큼직한 지중해 참다랑어 한 마리가 최근에 일본 초밥 시장에서 130만 유로에 팔리기도 했습니다. 물론 특별히 비싼 값에 매매된 참다랑어이지만, 지중해 참다랑어는 평균 11,000유로에 팔립니다. 이처럼 참다랑어가 비싼 값에 거래되는 걸 보았다면, 그 외계의 방문객은 "지중해를 맞대고 있는 국가들은 참다랑어 어장을 신중하게 관리해야 할 거야. 그래야 참다랑어 어장이 붕괴되지 않을 테니까"라고 순진하게 생각할 겁니다. 하지만 참다랑어는 지금도 남획되고 있어 개체수가 점점 줄어들고 있습니다. 이런 속도로 남획이 계속되면 5년 후에 참다랑어 어장이 붕괴되고 말 겁니다. 대체 왜 지중해 연안 국가들은 이런 자멸적 실수를 저지르고 있는 걸까요?

전반적인 어업, 특히 지중해 참다랑어 어업을 예로 들어 이야기했지만, 이 문제는 내가 여기에서 다루려는 세계가 직면한 세 가지 문제 중 마지막 문제, 즉 재생 가능한 자연자원의 관리에 대한 문제입니다. 재생 가능한 자연자원에는 어류만이 아니라 숲과 토양, 담수가 포함됩니다. 예나 지금이나 모든 인간사회는 본질적인 이유에서 재생 가능한 자원, 예컨대 수산물과 농산물, 목재와 종이, 맑은 물 등에 의존할 수밖에 없습니다. 자연자원은 이런 필수적인 소비재를 우리에게 제공할 뿐만 아니라, 우리가 소비하지 않는 것까지 우리에게 제공합니다. 이른바 생태계 서비스(ecosystem service)라는 것입니다. 생태계는 우리에게 더러운 물보다 깨끗한 물, 더러운 공기보다 맑은 공기, 척박한 토양보다 비옥한 토양을 궁극적으로 제공합니다. 건강한 강의 강물은 수생식물과 미생물에 의해서, 또 강변에 자리 잡은 울창한 숲에 의해서 깨끗하게 유지됩니다. 자연은 이처럼 물과 공기를 깨끗이 정화하고, 토양을 비옥하게 유지하는 생태계 서비스를 우리에게 제공합니다. 그것도 공짜로 말입니다.

이처럼 무료로 제공되는 생태계 서비스의 경제적 가치는 얼마나 될까요? 뉴욕 시민이 사용하는 깨끗한 물로 그 경제적 가치를 짐작해볼까요? 처음에 뉴욕은 근처의 캐츠킬 산맥과 연결된 작은 강에서 대부분의 식수를 얻었습니다. 하지만 시간이 지남에 따라 캐츠킬 산맥에서 얻을 수 있는 깨끗한 물의 양이 줄어들었습니다. 뉴욕의 식수를 깨끗하게 유지해주던 캐츠킬 산맥의 숲이 벌목되었으니까요. 그래서 뉴욕 시는 대규모 정수장을 건설할 계획을 세웠습니다. 정수장을 세우면 뉴욕에 깨끗한 물을 공급할 수 있었지만, 정수장을 건설하는 데만 수십억 달러가 투자되어야 했고, 매년 운영비까지 투입해야 했습니다. 그때 누군가 기발한 생각을 해냈습니다. "캐츠킬의 땅주인들에게 숲을 벌목하지 않는 조건으로 그에 합당한 돈을 지불해주면 되지 않겠느냐?"라는 것이었습니다. 거대한 정수장을 건설하는 데 필요한 비용보다, 캐츠킬 산맥의 숲 개발권을 확보하는 비용이 훨씬 적었습니다. 게다가 캐츠킬 산맥의 숲은 저절로 형성되어 뉴욕 시민이 더 이상의 운영비를 부담할 필요가 없었지만, 정수장을 건설하면 매년 막대한 운영비까지 부담해야 했습니다. 따라서 뉴욕 시는 정수장보다 캐츠킬 산맥의 숲에 돈을 투자하기로 결정했습니다. 자연이 우리에게 생태계 서비스를 무료로 제공해준다는 것을 보여주는 좋은 예가 아닐 수 없습니다. 그런 생태계 서비스가 없다면 우리는 사사건건 엄청난 비용을 부담해야 할 겁니다.

따라서 자기이익을 위해서도 우리는 우리 삶에 꼭 필요한 자연자원을 신중하게 관리해야 할 것입니다. 하지만 지중해 참다랑어 사례와 유럽의 전반적인 어업 관리에서 보았듯이, 인간에게 자연자원의 지속가능한 관리를 기대하는 건 어렵다는 게 입증되었습니다. 세계 전역에서 어장과 숲, 토양과 맑은 물 등 재생 가능한 자연자원이 점점 줄어들고 있으며, 남획이 그 원인입니다. 과거에도 많은 사회가 생존에 필요한 자연자원을 잘못 관리했기 때문에 붕괴되었습니다. 동남아시아의 크메르 제국, 멕시코와 과테말라의 마야 문명처럼 당시 세계에서 가장 앞서고 강력했던 사회마저도 그 때문에 붕괴되었습니다. 자연자원을 무원칙하게 남용함으로써 붕괴되지는 않았어도 경제적으로 큰 타격을 입은 사회도 많았습니다. 믿기지 않겠지만 로마 시대에 모로코는 로마제국에 굵은 통나무를 제공하던 주된 공급국 중 하나였습니다. 하지만 모로코를 뒤덮던 광활한 숲들이 광범위하게 벌목된 까닭에 이제 모로코는 세계에서 손꼽히는 삼림국이 아닙니다.

숲과 어장 등 자연자원이 남용되고 남획되는 주된 원인은 인구 문제에서 비롯된다고 여겨집니다. 세계 인구는 꾸준히 증가하고 있습니다. 인구가 증가한다는 것은 더 많은 물고기와 맑은 물이 소비되고, 더 많은 숲과 땅이 개발되어야 한다는 뜻입니다. 따라서 유럽과 미국에서 자원 관리에 문제가 제기된 이유는 유럽인과 미국인 때문이 아니라고 항변합니다. 아프리카와 아시아 및 라틴 아메리카의 가난한 국가들의 인구 증가율이 높기 때문에 자연자원의 관리에도 문제가 야기된 것이라 주장합니다. 실제로 아프리카에서도 극빈국에 속하는 르완다는 한 가정에 평균 8명의 자식이 있습니다. 따라서 르완다 인구는 급속도로 증가하는 추세입니다. 반면에 이탈리아 가정은 자식을 거의 낳지 않는 까닭에 이민자가 없다면 인구가 오히려 줄어들 것입니다. 그럼 자연자원의 관리에 관련된 세계적인 문제는, 출산율이 낮은 부유한 국가의 잘못보다 출산율이 높은 가난한 국가의 잘못이 더 클까요?

결코 그렇지 않습니다! 내가 이렇게 자신 있게 말하는 이유는, 인구수가 자연자원 소모율을 좌지우지하는 유일한 변수가 아니기 때문입니다. 자연자원의 소모율은 두 변수의 곱입니다. 달리 말하면, 인구수에 일인당 평균 자원소모율을 곱한 값입니다. 그런데 서유럽과 미국 등 부유한 국가의 일인당 평균 자원소모율이 가난한 국가의 일인당 평균소모율보다 32배나 높습니다. 따라서 세계 자원의 고갈 위험은 인구 1,000만 명에 불과한 르완다의 높은 인구증가율에서 비롯되는 게 아니라, 미국인 3억 명과 유럽인 8억 명의 높은 자원소모율에서 비롯되는 것입니다. 유럽인이 아프리카인보다 평균 32배나 많은 자원을 소모하기 때문에 인구가 6,000만 명에 불과한 이탈리아가 소모하는 자원량이 10억 명의 아프리카인 전체가 소모하는 자원량보다 2배나 많습니다.

지속가능한 자원관리라는 문제를 해결하려면 어떤 새로운 정보가 필요할까요? 어장과 같은 자연자원을 지속가능하게 관리하려면 생물학적이고 물리학적인 문제를 동시에 해결해야 합니다. 하지만 자연자원을 올바로 관리하려면 사회·경제·정치적인 면도 함께 고려해야 합니다.

도대체 왜 우리는 개인적인 차원에서나 국가적인 차원에서 자기 파괴적인 행위를 멈추지 않는 것일까요? 궁극적으로 우리 자

나와 세계가
직면한 문제들,
어떻게 해결할
것인가?

신에게 이익이 되는 방향으로 행동하게끔 우리를 효과적으로 유도할 수 있는 사회제도와 법 및 정부 정책은 무엇일까요? 사회과학이 목표로 삼을 만한 대단한 연구 과제입니다. 경제학자 엘리너 오스트롬(Elinor Ostrom)은 어떤 사회의 어민과 농민과 목축민은 어장과 밭과 목장을 지속가능하게 관리하는 반면에 어떤 사회에서는 그렇지 못한 이유를 연구한 공로로 2009년 노벨 경제학상을 받았습니다.

단기적으로 부자가 되더라도 장기적으로는 국익에 반하고 궁극적으로 국가를 붕괴 지경에 몰아넣을 수 있는 정책을 추진하는 정부 지도자들이 적지 않은 이유가 무엇일까요? 이 의문에는 이렇게 대답할 수 있을지 모르겠습니다. 단기적으로는 이익이 되지만 장기적으로는 국익에 반하는 결정을 내렸더라도 그런 결정을 내린 정치 지도자들을 지켜주는 정치제도에 적잖은 원인이 있는 듯합니다. 하지만 이런 생각이 맞는지도 확실히 모르겠습니다. 여하튼 우리는 이 의문에 대한 답을 찾아내야 합니다.

—

이 장을 시작하면서 나는 세계가 직면한 세 가지 중대한 문제를 요약해보겠다고 말했습니다. 물론 이 문제들을 여기에서 모두 설명한다는 것은 어불성설입니다. 또한 세 가지 문제 이외에도 반드시 언급해야 할 중대한 문제가 적지 않습니다.

그러나 여기에서 언급한 세 가지 문제는 우리 모두에게 영향을 미치는 문제입니다. 또한 세 가지 문제 모두 사회·경제·정치적인 면과 관련이 있습니다. 따라서 사회학자와 정치인만이 아니라 우리도 해결책을 모색하는 데 작은 역할을 해낼 수 있는 문제들이기도 합니다.

재레드 다이아몬드에게
문명의 길을 묻다

1. 미래에는 어떤 요인이 인류에게 영향을 미칠 것이라고 생각하십니까?

크게 보면 세 가지 요인이 가까운 미래에 인류에게 영향을 미칠
것이라 생각합니다. 첫째는 부의 불평등입니다. 이 때문에 가난한
국가에서 부유한 국가로의 이민이 끊이지 않고, 가난한 국가의 시
민들은 부유한 국가를 공격하려는 테러리스트들을 지원하는 겁
니다. 또한 가난한 국가에서 발생한 질병이 부유한 국가로도 확산
되는 것도 부의 불평등이 원인이라 할 수 있습니다. 두 번째 요인
은 자원의 남용입니다. 현재와 같은 속도의 소비율이 향후 수십
년 동안 유지되기는 어렵습니다. 이런 두 요인이 인류의 미래에
영향을 미칠 것은 분명합니다. 마지막 세 번째 요인으로는 국가
간의 핵전쟁 가능성이나 테러리스트의 핵공격 가능성이며, 실제
로 일어날 가능성과 그렇지 않을 가능성은 반반입니다.

2. 우리가 이 문제들을 충분히 해결해낼 수 있을까요?

물론입니다. 이 세 가지 문제는 바로 우리 자신이 자초한 문제입니다. 우리가 문제의 원인이기 때문에 우리 힘으로 얼마든지 문제를 해결할 수 있습니다. 우리가 직면한 문제가 지구를 향해 거침없이 돌진하는 소행성이라면 완전히 다른 문제가 되겠지요. 소행성의 돌진을 멈추게 할 도리가 없기 때문에, 엄격히 말하면 그 문제는 우리가 어떻게 해볼 수 있는 문제가 아닙니다. 결국 우리 능력으로 해결할 수 있는 문제를 해결하겠다고 결심하느냐 않느냐가 진짜 문제입니다. 나는 조심스럽게나마 낙관적으로 생각하고 싶습니다. 우리가 문제를 해결하겠다는 쪽을 선택할 가능성이 51퍼센트이고, 그렇지 않을 가능성은 49퍼센트에 불과합니다.

3. 기후변화와 해수면 상승이 미래에 중대한 문제로 대두될 것으로 보입니다. 어떻게 하면 기후변화와 해수면 상승을 줄일 수 있을까요?

해결책은 간단합니다. 화석연료의 소비를 줄이면 됩니다. 그럼 기후변화와 해수면 상승의 원인인 온실가스 배출량이 줄어들기 마련입니다. 어떻게 하면 그렇게 해낼 수 있는지 우리는 이미 알고 있습니다. 전체 에너지 소비량을 줄여야 합니다. 미국을 비롯해 부유한 국가에서 에너지를 지나치게 낭비하고 있지 않습니까. 또 화석연료를 에너지원으로 사용하는 대신, 태양열과 바람과 조수 같은 재생 가능한 자원에서 더 많은 에너지를 얻도록 노력해야 합니다.

4. 리더와 교육의 역할에 대해 말씀해주십시오.

리더의 덕목은 문제를 정직하고 현실적으로 다루는 것입니다. 문제가 터질 때까지 기다렸다가 위기 상황에서 어떻게 해보려고 하지 말고, 가능하면 문제가 발생하기 전에 미리 예측하고 방지할 수 있어야 합니다. 또한 정직하고 현실적이어야 한다고 시민들을 설득함으로써 근본적인 해결책을 받아들이도록 유도할 수 있어야 합니다. 안타깝게도 대부분의 리더에게 이런 자질이 부족합니다. 하지만 일부 리더에게는 이런 자질이 엿보이기 때문에, 내가 앞에서 언급한 덕목을 갖춘 리더를 찾아내는 게 완전히 불가능하지는 않다고 생각합니다. 한편 장래의 교육이 지향해야 할 올바른 방향에 관해 말하자면, 일부의 시민에게만 좋은 교육을 제공하고 대다수에게는 질 낮은 교육을 제공하는 데 만족하지 말고, 국가의 인적 잠재력을 극대화하기 위해서라도 대부분의 시민에게 최상의 교육을 제공하는 걸 원칙으로 삼아야 할 것입니다. 이 점에서는 한국이 미국보다 훨씬 성공적인 듯합니다. 내가 알기로는 학교 교사의 위상이 미국보다 한국에서 더 높고, 학력 테스트에서도 한국 학생의 성적이 미국 학생보다 더 높습니다. 게다가 교육제도에서도 미국보다 한국이 학생들에게 더 평등한 기회를 제공하고 있습니다. 한국의 교육 현황이 내가 소문으로 듣던 바와 실제로도 똑같기를 기대합니다. 미국의 교육도 한국과 비슷한 수준이면 얼마나 좋겠습니까. 안타깝게도 미국의 교육은 그렇지 못합니다.

5. 최근 유럽에서 발생한 테러에는 종교뿐만 아니라 인종간의 갈등도 내재되어 있습니다. 이와 같은 테러리즘을 뿌리 뽑을 수는 없을까요?

테러리즘의 궁극적으로 해결하기 위해서는 테러리즘에 내포된 원인을 치유해야 합니다. 가장 가까워 보이는 해결책은, 비록 궁극적인 원인은 남아 있다고 해도, 테러 행위를 막는 것입니다. 테러리즘의 궁극적인 원인은, 나아지리라는 희망을 갖지 못하게 만드는 비참한 생활 조건입니다. 그리고 이것이 그들의 분노를 표출하는 방식으로 테러리스트들을 지지하는 동기가 됩니다. 모든 나라에 테러 행위를 저지르는 정신 나간 개인들이 있습니다. 미국, 한국, 노르웨이, 일본, 스위스, 그리고 다른 모든 나라에도. 하지만 그러한 정신 나간 개인들은 미국, 한국, 노르웨이, 일본, 스위스의 일반 대중들의 지지를 얻지 못합니다. 오직 아프가니스탄, 이라크, 그리고 많은 사람들이 자포자기하고 희망이 없는 다른 나라들에서만 피할 수 없는 정신 나간 개인들이 광범위한 지지를 받습니다. 따라서 테러리즘의 궁극적인 해결책은 주민들이 너무 절박한 나머지 정신 나간 테러리스트들을 지지하는 나라가 없는 날까지, 전 세계의 생활 조건을 향상하는 것뿐입니다. 테러리즘의 궁극적인 원인을 없앨 때까지는, 테러 행위의 타깃인 부유한 나라들은 경계를 늦추지 않고 테러리스트들이 공격하기 전에 그들을 찾아내는 것밖에는 선택의 여지가 없습니다. 우리는 테러리즘의 궁극적인 원인을 없앨 때까지 몇 십 년 또는 몇 백 년을 기다릴 수 없습니다. 우리는 경계를 늦추지 않고 우리 스스로를 지켜야 합니다.

6. 당신은 생리학자로 출발해 현재 생물지리학, 지리학, 역사학 등 학문의 영역을 점점 더 넓혀가고 있습니다. 학문을 하는 목적과 방향에 대해 말씀해주십시오.

지난 수십 년 동안 내 연구의 목적과 방향은 두 가지였고, 앞으로도 그럴 것입니다. 하나는 뉴기니의 새들을 관찰하고 이해하는 것입니다. 뉴기니는 세계에서 새들의 서식지가 가장 풍부하고, 가장 흥미로운 새들이 많고, 아무도 손대지 않은 가장 넓은 열대우림이 있습니다. 다른 하나는 역사와 지리학의 큰 문제들과 관련이 있습니다. 현재 내가 진행 중인 역사와 지리학 프로젝트는 지금 쓰고 있는 새 책입니다. 국가적 위기들과 한 국가가 국가적 위기를 해결함에 있어 성공 가능성을 높이는 요인들을 다룰 것입니다.

7. 미래 사회에는 로봇과 인공지능이 막대한 영향을 미칠 것이라는 전망이 많은데, 인간의 삶은 얼마나 바뀌게 될까요?

로봇과 인공지능은 모든 인간 생활의 실용적인 측면에 영향을 끼칠 것입니다. 인간의 삶은 지난 6만 년 동안 변해왔지만 그 속도가 점점 더 빨라지고 있습니다. 우리가 전화기, 자동차를 사용한 것은 100년이 조금 넘고, 텔레비전은 겨우 70년 정도이고, 이메일은 고작 몇 십 년밖에 안 됐습니다. 전화기, 자동차, 텔레비전, 이메일 등이 인간의 삶을 바꾸어놓은 것처럼 로봇과 인공지능 역시 큰 변화를 불러올 것입니다. 그런데 전화기, 자동차, 텔레비전,

이메일이 있어도 인간의 근본적인 걱정거리는 예나 지금이나 똑같습니다. 아이들을 어떻게 키울 것인가, 어떻게 노인을 대할 것인가, 분쟁을 어떻게 해결할 것인가, 어떻게 건강을 유지할 것인가, 어떻게 위험과 다른 걱정거리들을 가늠할 수 있을 것인가 등입니다. 인류는 전화기, 자동차가 없던 지난 수만 년 동안에도 이와 같은 걱정을 해왔습니다. 그리고 아마 로봇과 인공지능을 더많이 갖게 된 뒤에도 우리는 계속해서 똑같은 걱정을 하며 살아갈 것입니다.

8. 인공지능의 발달로 인해 미래에는 돈이 인간의 삶의 질을 좌우하게 될 것이라는 예측도 많습니다. 인류에게 장밋빛 미래는 없는 것일까요?

당연히 로봇과 바이오헬스의 발달로 돈은 미래에도 인간의 삶의 질에 영향을 미칠 것입니다. 3천 년 전에 돈이 생겨난 이후로 줄곧 인간의 삶의 질에 영향을 준 것처럼 말입니다! 인류에게 장밋빛 미래가 가능하냐고요? 가능합니다. 물론 우리가 지금보다 나은 선택을 한다면 말입니다.

인류의 내일을 위해
고민해야 할 문제들

며칠 전, 몇몇 친구와 선후배들과 지역 동문회를 가졌다. 수개월 전에 있었던 연금 개혁이 우연히 화제로 떠올랐다. 교직에 종사하는 선후배들은 자신들의 연금은 거의 줄지 않았다고 말했다. 그 말을 듣고 이런 생각을 해보았다. 현재 한국에서 가장 이기적인 세대는 누구일까? 곰곰이 생각한 결과에 따르면, 1955년부터 1965년 사이에 태어난 베이비붐 세대인 듯했고, 그날의 모임에 참석한 사람들은 나를 비롯해 거의가 이 세대에 속했다. 그렇다고 베이비붐 세대 전부가 이기적인 집단은 아니다. 그들 중에서도 이른바 '성공'한 사람들, 약 10퍼센트만이 이기적인 집단이다. 그 10퍼센트는 베이비붐 세대로서 대체로 대학에 진학한 사람들이며, 우리가 칭송하는 중산층이다. 달리 말하면, 이 땅에 태어나 그런대로 호사를 누리고 대접을 받았던 사람들이다. 왜 그들에게 이기적인 집단이라 평가하는 걸까? 바로 그들이 현재 거의 모든 정책의 의사결정자들이기 때문이다. 후손에게 커다란 부담을 떠넘기는 현재의 중산층이란 결론에서, '중산층은 공동체의 확실한 부담거리가 되려는 집단'이라고 꾸짖었던 100년 전의 지식인 윌리엄 모리스의 예언자적인 평가가 문득 머리에 떠올랐다.

재레드 다이아몬드는 인류가 직면한 세계적인 문제를 궁극적으로 다루기 전에, 국가 간의 빈부 차이가 어떻게 발생하는지에 대해 지리적 요인과 제도적 요인으로 나누어 설명한다. 결국 빈부의 격차라는 현상적인 문제를 올바로 해결하기 위해서는 그 근원부터 알아내면 더 좋지 않겠느냐는 지극히 상식적인 접근이다. 이렇게 문제의 근원을 파헤친 후에 저자는 우리가 직면한 위기를 개인적인 차원과 국가적인 차원에서 접근하고 위기를 해결하기 위한 방법도 제시한다. 이렇게 사전 준비 작업을 끝낸 후에, 저자는 세계가 직면한 세 가지 중대한 문제—기후변화, 불평등, 자연자원의 남용—를 사례 중심으로 풀어가며, 개인적인 차원과 국가적인 차원에서 이 문제들을 어떻게 풀어갈 것인가에 대해 고민한다. 내가 앞에서 개인적인 얘기를 길게 나열한 이유가 여기에 있다. 세계가 직면한 문제를 해결하기 위해서는 정치·경제·사회적인 면을 고려하지 않을 수 없을 것이고, 그때 그에 관련된 모든 결정을 내리는 집단의 자기희생이 요구되기 때문이다. 단기적으로는 이익이지만 장기적으로는 국가와 전체의 이익에 반하는 결정을 내릴 수야 없지 않는가.

원래 이 책은 재레드 다이아몬드가 로마 루이스대학교(Libera

Università Internazionale degli Studi Sociali Guido Carli, LUISS)의
교수들과 학생들을 대상으로 한 일곱 번의 강연을 기초로 꾸며진
것이다. 하지만 이 책에서 다루어진 문제들은 국적을 떠나 우리
개개인의 삶과 국가와 인류의 미래와 밀접한 관계가 있다는 다이
아몬드 교수의 당부를 잊지 않기를 바란다.

충주에서
강주헌

이 책에서 다룬 주제에 대해 더 많은 것을 알고 싶은 독자는 각 장에 선별적으로 덧붙인 책과 논문을 참조하기 바랍니다. 물론 여기에서 소개된 문헌들이 완벽한 것은 아닙니다. 하지만 각 장에서 다룬 주제에 대해 더 많은 정보를 원하는 독자에게는 충분한 안내 자료가 되리라 생각합니다.

서문

Jared Diamond and James Robinson. *Natural Experiments of History*(Harvard University Press, Cambridge, Massachusetts, USA, 2010).

1장과 2장

Daron Acemoglu, Simon Johnson, and James Robinson. "Reversals of fortune: geography and institutions in the making of the modern world income distribution." *Quarterly Journal of Economics*, volume 117, pages 1231~1294(2002).

Daron Acemoglu and James Robinson. *Why Nations Fail*(Crown, New York, 2012).

Areendam Chanda, C. Justin Cook, and Louis Putterman. "Persistence of fortune: accounting for population movements, there was no post-olumbian reversal." *American Economics Journal: Macroeconomics*, volume 6, pages 1~28(2014).

Jared Diamond. *Guns, Germs, and Steel: The Fates of Human Societies*(Norton, New York, 1997).

Douglas Hibbs, Jr. and Ola Olsson. "Geography, biogeography, and why some countries are rich and others are poor." *Proceedings of National Academy of Sciences USA*, volume 101, pages 3715~3720(2004).

Michael Ross. *The Oil Curse*(Princeton University Press, Princeton, 2012).

3장

Jared Diamond. *Guns, Germs, and Steel*(cited above), Chapter 16.

Jared Diamond. *Collapse: How Societies Choose to Fail or Succeed*(Viking Penguin, New York, 2005), Chapter 12.

Jianguo Liu and Jared Diamond. "China's place in the world." *Nature*, volume 435, pages 1179~1186(2005).

Ian Morris. *Why the West Rules-for Now*(Farrar, Straus and Giroux, New York, 2010).

4장

Howard Steven Friedman. *The Measure of a Nation*(Prometheus, Amherst, New York, 2012).

Erich Lindemann. "The symptomatology and management of acute grief." *American Journal of Psychiatry*, volume 101, pages 141~148(1944).

5장

Jared Diamond. *The World until Yesterday*(Viking Penguin, New York, 2013), Chapters 7 and 8.

Paul Slovic. "Perception of risks." *Science*, volume 236, pages 280~285(1987).

Chauncey Starr. "Social benefit vs. technological risks: what is our society willing to pay for safety?" *Science*, volume 165, pages 1232~1238(1969).

6장

Derek Denton. *The Hunger for Salt*(Springer, Heidelberg, 1982).

Jared Diamond. *The World until Yesterday*(cited above), Chapter 11.

S. Boyd Eaton, Marjorie Shostak, and Melvin Konner. *The Paleolithic Prescription: a Program of Diet and Exercise and a Design for Living*(Harper and Row, New York,

1988).

Graham MacGregor and Hugh de Wardener. *Salt, Diet, and Health: Neptune's Poisoned Chalice: the Origins of High Blood Pressure*(Cambridge University Press, Cambridge, UK, 1998).

H. Rubinstein and Paul Zimmet. *Phosphate, Wealth, and Health in Nauru: a Study of Lifestyle Change*(Vrolga, Gundaroo, Australia, 1993).

J. Shaw, R. Sicree, and Paul Zimmet. "Global estimates of the prevalence of diabetes for 2010 and 2030." *Diabetes Research and Clinical Practice*, volume 7, pages 4~14(2010).

7장

Jared Diamond. *Collapse*(cited above).

Paul Ehrlich and Anne Ehrlich. *One with Nineveh: Politics, Consumption, and the Human Future*(Island Press, Washington DC, 2004).

Thomas Piketiy and Arthur Goldhammer. *Capital in the 21st century*(Harvard University Press, Cambridge, Massachusettes, USA(2014).

Jeffrey Sachs. *The End of Poverty*(Penguin, New York, 2005).

The World Bank. *Turn Down the Heat: Why a 4°C Warmer World Must Be Avoided*(World Bank, Washington DC, 2012).

찾아보기